À mes enfants
mes Frères
ma Tante

Philippe

Merry
Christmas

NOËL,
SARRE,
MALAMAS,
MILOR,
et compagnie…

Généalogie ascendante de, et par Philippe NOËL.

AVANT-PROPOS

J'avais moins de vingt ans lorsque j'ai décidé de constituer ma généalogie…

En tout premier lieu, j'ai souhaité récupérer et sauvegarder tous les documents familiaux existants, précieuses sources d'informations : livrets de famille, actes de vente, fiches de paie, livrets militaires, photographies…

Et puis il a fallu mettre en forme tout ça !
Fiches cartonnées, papier, crayon, gomme (!), colle, le tout mâtiné de beaucoup de patience. C'était parti !

Il s'en est suivi une longue période de quarante ans, consacrée à la vie familiale et professionnelle suivie de la retraite et de son potentiel de temps libre.
Autre bénédiction, l'émergence d'internet, de la numérisation à tout va des différentes archives, de l'apparition de sites consacrés à la généalogie et au partage des données entre "fondus" de cette passion.

Je m'y suis donc remis, et devant l'accumulation d'informations, il m'est apparu nécessaire de mettre les plus importantes sous un format facilement consultable et de les agrémenter de quelques souvenirs personnels.
Ceci est donc mon creuset, un mélange de petite bourgeoisie et de terroir…

Les documents présentés ici ne sont qu'une toute petite partie de ceux que j'ai pu retrouver. Plus de 3000 fichiers sont disponibles ici :

Ceux consacrés spécifiquement à François Sarre sont sur le site : http://frsarre.dx.am/

2
NOEL
Michel
1924 -2003

3
MALAMAS
Gilberte
1924 -1984

1
NOEL
Philippe
1951

NOËL Michel François (Daddy)
26 octobre 1924 - 8 septembre 2003

Papa est né à Limoges.
Il a perdu son père très jeune, il avait cinq ans. Pupille de la nation il a donc été élevé par sa mère.

Le conflit 39-45 ne lui pas permis de faire de longues études. Enrôlé dans l'organisation TODT en 1944 il a participé aux FFI en 1944.Il a fait son service militaire dans l'Armée de l'air en 1945 .
Décoré de la croix du combattant volontaire
Marié jeune, à 21 ans, il a commencé sa carrière à l'arsenal de Limoges en tant que comptable).

En 1964, il a quitté son emploi pour se mettre à son compte en reprenant
un commerce de revendeur de rubans adhésifs industriels et de produits thermoplastiques (sacs et bâches). Il était installé dans une annexe de l'immeuble où nous vivions, au n° 13 de la rue François Perrin (annexe**Erreur ! Source du renvoi introuvable.**). Il a cessé son activité commerciale en 1983.

PARENTS

4 - NOËL Gaston Jean (1893-1930)
Âge : 31 ans

5 - SARRE Madeleine Marie-Louise (1895-1970)
Âge : 29 ans

3e enfant

FRÈRES ET SŒURS

1. **NOËL Claude (1919-2005)**
   - *RAYMOND Christiane (-2010)*
   - 5 enfants : Catherine, Patrick, Françoise, Frédérique et Christian
2. **NOËL Claudine Maire Jeanne (1921-1923)**
   - Sans descendance connue

CONJOINTS ET ENFANTS

3 - MALAMAS Gilberte (1924-1984)
Mariage : 20 février 1946 - Viroflay (Yvelines)

Enfants :
NOËL Dominique (1947-)
  - *PETIT Brigitte (1957-)*
  - 2 enfants : Léo et Suzie
NOËL Alain Pierre Christian (1948-)
  - *ARTIAGA Monique (1947-)*
  - 1 enfant : Aurélien
NOËL Philippe (1951-)
  - *MAUMY Martine (1950-)*
  - 2 enfants : Marion et Jérémie
NOËL Thierry Michel (1957-)
  - *RIMBOD-PETHIOD Martine*
  - 1 enfant : Robin

CHRONOLOGIE

Naissance
26 octobre 1924 - Limoges (Haute-Vienne)

5
ans
Décès de son père NOËL Gaston Jean
11 octobre 1930 - Limoges (Haute-Vienne)

21
ans
Mariage avec MALAMAS Gilberte
20 février 1946 - Viroflay (Yvelines)

22
ans
Naissance de son fils NOËL Dominique
13 janvier 1947 - Versailles (Yvelines)

23
ans
Naissance de son fils NOËL Alain Pierre Christian
6 octobre 1948 - Limoges (Haute-Vienne)

26
ans
Naissance de son fils NOËL Philippe
23 août 1951 - Limoges (Haute-Vienne)

32
ans
Naissance de son fils NOËL Thierry Michel
25 octobre 1957 - Limoges (Haute-Vienne)

45
ans
Mariage de son fils NOËL Alain Pierre Christian avec ARTIAGA Monique
5 juin 1970 - Limoges (Haute-Vienne)

45
ans
Décès de sa mère SARRE Madeleine Marie-Louise
10 octobre 1970 - Limoges (Haute-Vienne)

49
ans
Mariage de son fils NOËL Philippe avec MAUMY Martine
15 décembre 1973 - Oradour-sur-Glane (Haute-Vienne)

60
ans
Décès de sa conjointe MALAMAS Gilberte
30 décembre 1984 - Limoges (Haute-Vienne)

78
ans
Mariage de son fils NOËL Thierry Michel avec RIMBOD-PETHIOD Martine
24 mai 2003

78
ans
Décès
8 septembre 2003 - Limoges (Haute-Vienne)

NOTES

Mariage religieux le 21/02/1946 à Versailles

PHOTOS

SOUVENIRS

Mon père n'était pas particulièrement « aimant ». Je n'ai guère de souvenirs de câlins, de complicité, de soutien, d'intérêt pour ce que faisais… Autrement dit, pas d'éducation ! Ce qui a fait dire à ma tante Kako (Jacqueline Isselin, sœur de maman) parlant de notre fratrie : « Heureusement qu'ils ont bon fond, sinon ils auraient mal tourné ».

C'était pourtant un homme affable, aimant rire et faire le pitre. Sa mère avait beaucoup d'emprise sur lui et tous les soirs, il devait lui rendre visite… Maman était obligée de le lui rappeler souvent : « Mimi, n'oublie pas ta mère ! »

Un des rares souvenirs de jeux avec lui est lié à l'achat d'un ballon de football en cuir avec lequel nous avions échangé quelques passes dans un pré, à côté de la maison de Dieulidou (Annexe **Erreur ! Source du renvoi introuvable.**) : ce fût, de mémoire, la seule fois ! Évènement notable pour que j'en garde un souvenir ?

Autre fait marquant : une fois, il s'est exceptionnellement impliqué dans mon parcours scolaire en prenant rendez-vous avec le correcteur de l'épreuve de philo du bac qui m'avait collé un 2/20, me privant de ce diplôme et occasionnant mon redoublement. Pour la petite histoire, le 2/20 n'était pas une erreur !

Papa aimait la pêche et l'opéra dont il nous bassinait trop souvent à notre goût. Je dois avouer que là, certes de manière indirecte, il a participé à mon éducation musicale. Il aimait aussi bricoler ; même si je ne garde aucun souvenir de ses conseils et apprentissages, j'ai hérité de lui cet attrait. Il était minutieux et exerçait ses talents dans la réalisation de maquettes de bateaux en bois. C'est lors de pique-niques en bord d'étang que nous avions droit, entre deux carpes, aux essais de navigabilité.

Papa et maman s'entendaient bien. Je n'ai pas le souvenir d'une quelconque dispute, au contraire. Ce sont des images de complicité et de tendresse qui me viennent à l'esprit. C'était Mimi et Zizi… Les difficultés n'ont pas eu raison de leur bonne entente et je les admire d'avoir élevé quatre garçons avec des moyens limités, tout en leur permettant de suivre des études en dehors de Limoges. Chapeau bas ! Un architecte, un ingénieur en électronique, un prothésiste dentaire… Quant à moi, après avoir obtenu mon Bac, j'ai effectué mes obligations militaires puis je suis entré dans la vie active tout en suivant les cours du Conservatoire National des Arts et Métiers où j'ai décroché leur Diplôme du Cycle Économique.

Après le décès de Timo et la vente de l'immeuble de la rue François Perrin, papa et maman ont déménagé en faisant construire un pavillon au 123 de l'avenue du Sablard.

Veuf, papa a fini ses jours en résidence seniors, à la résidence pour Personnes âgées des Casseaux à Limoges. Il y est décédé subitement dans son sommeil…

DOCUMENTS

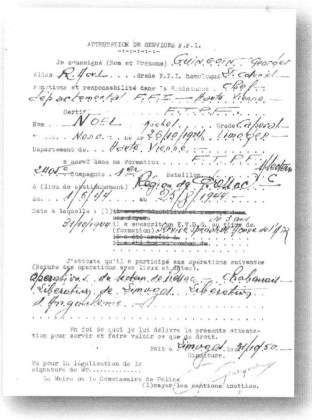

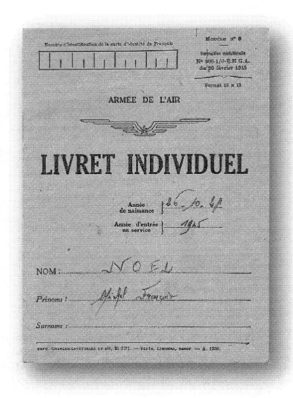

MALAMAS Gilberte (Gigi)
3 février 1924 - 30 décembre 1984

Maman est née à Paris 14e, dans une clinique au 22 de la rue de la Voie Verte (rebaptisée Rue du Père Corentin en 1945).
Sur son acte de mariage, il est mentionné qu'elle était comptable. En 1944, elle travaillait à la SNCF en tant qu'agent auxiliaire.
Après son mariage, c'est à ses quatre fils qu'elle s'est consacrée. Pour mettre du beurre dans les épinards, elle a gardé des enfants à l'école Montmailler, rue des Anglais, et fait de la couture à domicile : une entreprise lui livrait régulièrement des pièces de tissus qu'elle devait coudre pour en faire des shorts de sport. Puis, lorsque Daddy s'est installé à son compte, comme beaucoup de femmes d'artisan, sans que son activité soit reconnue, elle a assuré le secrétariat ainsi que la fabrication des sacs plastiques sur une machine manuelle. Faire avancer la gaine à la bonne mesure, une pédale au pied pour la pincer et faire la soudure, avec la main droite, effectuer l'aller-retour d'une navette équipée d'une lame de rasoir pour couper la gaine, et ranger le sachet dans une boîte... Pas folichon, le job !
Elle n'a profité ni de sa retraite ni de ses petits-enfants bien longtemps. Elle a gardé notre fille Marion quelques mois, et Aurélien (le fils d'Alain) un peu plus longtemps.
Elle a été emportée par un cancer des ovaires qui s'est généralisé.

PARENTS

6 - MALAMAS Jean (1893-1977)
Rédacteur principal à la SNCF
Âge : 30 ans

2e enfant

7 - MILOR Marguerite Anne (1901-1975)
Âge : 22 ans

FRÈRES ET SŒURS

1. **MALAMAS Jacqueline (1922-2012)**
   • *ISSELIN Pierre (1904-1990)*
   • 1 enfant : Martine
2. **MALAMAS Marie José (1940-)**
   • *KOUCHNIR Maurice (1932-)*
   • 2 enfants : Grégory et Anne

CONJOINTS ET ENFANTS

2 - NOËL Michel François (1924-2003)
Mariage : 20 février 1946 - Viroflay (Yvelines)

Enfants :
NOËL Dominique (1947-)
   • *PETIT Brigitte (1957-)*
   • 2 enfants : Léo et Suzie
NOËL Alain Pierre Christian (1948-)
   • *ARTIAGA Monique (1947-)*
   • 1 enfant : Aurélien

NOËL Philippe (1951-)
  - *MAUMY Martine (1950-)*
  - 2 enfants : Marion et Jérémie

NOËL Thierry Michel (1957-)
  - *RIMBOD-PETHIOD Martine*
  - 1 enfant : Robin

CHRONOLOGIE

	Naissance 3 février 1924 – 22 rue de la croix verte - Paris 75014
8 mois	**Naissance de son conjoint NOËL Michel François** 26 octobre 1924 - Limoges (Haute-Vienne)
16 ans	**Naissance de sa sœur MALAMAS Marie José** Septembre 1940 - Saint-Brieuc (Côtes-d'Armor)
22 ans	**Mariage avec NOËL Michel François** 20 février 1946 - Viroflay (Yvelines)
22 ans	**Naissance de son fils NOËL Dominique** 13 janvier 1947 - Versailles (Yvelines)
24 ans	**Naissance de son fils NOËL Alain Pierre Christian** 6 octobre 1948 - Limoges (Haute-Vienne)
27 ans	**Naissance de son fils NOËL Philippe** 23 août 1951 - Limoges (Haute-Vienne)
33 ans	**Naissance de son fils NOËL Thierry Michel** 25 octobre 1957 - Limoges (Haute-Vienne)
46 ans	**Mariage de son fils NOËL Alain Pierre Christian avec ARTIAGA Monique** 5 juin 1970 - Limoges (Haute-Vienne)
49 ans	**Mariage de son fils NOËL Philippe avec MAUMY Martine** 15 décembre 1973 - Oradour-sur-Glane (Haute-Vienne)
51 ans	**Décès de sa mère MILOR Marguerite Anne** 21 décembre 1975 - Oradour-sur-Glane (Haute-Vienne) Cancer généralisé
53 ans	**Décès de son père MALAMAS Jean** 6 novembre 1977 - Oradour-sur-Glane (Haute-Vienne) Commotion cérébrale
60 ans	**Décès** 30 décembre 1984 - Limoges (Haute-Vienne)

NOTES

Mariage religieux le 21/02/1946 à Versailles

SOUVENIRS

Maman, c'était la discrétion, l'attention ; elle était là pour la toilette, les repas, le suivi de la scolarité. Pour me motiver, le bulletin de notes trimestriel faisait l'objet d'une cotation se transformant, si la moyenne était obtenue, en monnaie sonnante et trébuchante ! Plus petit, c'était un peu d'argent de poche qui était investi in petto chez « Mayola », l'épicier du coin, en caramels mous, reines pétillantes et autres roudoudous…

Maman, c'était les comptines (Il était un petit homme…), l'apprentissage de la lecture (un recueil à la couverture vert foncé) la trace au crayon noir soulignant les syllabes que j'ânonnais « b-a, ba », sa joie lorsqu'elle nous annonçait de bonnes nouvelles quant aux résultats du commerce.

4
NOEL
Gaston
1893 -1930

5
SARRE
Madeleine
1895 -1970

2
NOEL
Michel
1924 -2003

NOËL Gaston Jean
8 août 1893 - 11 octobre 1930

Gaston est né à La Soummam commune de Constantine (actuelle Sidi Aïch, Algérie).

Il jouait du piano et du violon dont il était professeur de musique.

Engagé volontaire en mars 1913 en tant que musicien brancardier, il est blessé en juin 1918 à la tête et au pied par un éclat d'obus à Reims en Champagne et réformé en 1920. Décoré de la croix de guerre et de la Médaille militaire**Erreur ! Source du renvoi introuvable.** et **Erreur ! Source du renvoi introuvable.**).

Gaston était passionné de photos ; il a laissé de nombreuses plaques stéréoscopiques en verre. Celles ne représentant pas des personnages familiaux ont fait l'objet d'un don auprès de la Cinémathèque de la Nouvelle-Aquitaine.

En 1919, année de son mariage, il habitait au 21 place des Bancs à Limoges avec ses parents.

PARENTS

8 - NOËL Étienne Claude (1867-1942)
Instituteur et Directeur de l'école de Meilhac (Nexon)
Âge : 26 ans

1er enfant

9 - COUDERT Marie (1871-1926)
institutrice
Âge : 22 ans

CONJOINTS ET ENFANTS

5 - SARRE Madeleine Marie-Louise (1895-1970)
Mariage : 26 février 1919 - Limoges (Haute-Vienne)

Enfants :
NOËL Claude (1919-2005)
• *RAYMOND Christiane (-2010)*
• 5 enfants : Catherine, Patrick, Françoise, Frédérique et Christian
NOËL Claudine Maire Jeanne (1921-1923)
• Sans descendance connue
NOËL Michel François (1924-2003)
• *3 - MALAMAS Gilberte (1924-1984)*
• 4 enfants : Dominique, Alain Pierre Christian, Philippe et Thierry Michel

CHRONOLOGIE

	Naissance
	8 août 1893 - Constantine
21 mois	**Naissance de sa conjointe SARRE Madeleine Marie-Louise**
	8 mai 1895 - Limoges (Haute-Vienne)
25 ans	**Mariage avec SARRE Madeleine Marie-Louise**
	26 février 1919 - Limoges (Haute-Vienne)
	mariage religieux à Saint-Pierre du Queyroix, Limoges, le 26/02/1919

25 ans	**Bénédiction** 26 février 1919 - Limoges (Haute-Vienne)
26 ans	**Naissance de son fils NOËL Claude** 29 décembre 1919
28 ans	**Naissance de sa fille NOËL Claudine Maire Jeanne** 12 octobre 1921
29 ans	**Décès de sa fille NOËL Claudine Maire Jeanne** 14 février 1923 - Limoges (Haute-Vienne)
31 ans	**Naissance de son fils NOËL Michel François** 26 octobre 1924 - Limoges (Haute-Vienne)
33 ans	**Décès de sa mère COUDERT Marie** 23 octobre 1926 - Limoges (Haute-Vienne)
37 ans	**Décès** 11 octobre 1930 - Limoges (Haute-Vienne)

DOCUMENTS

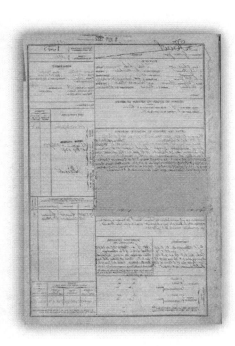

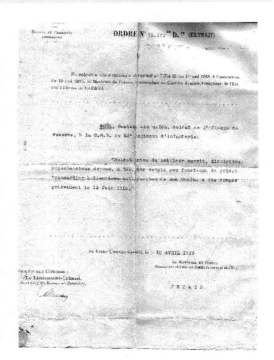

SARRE Madeleine Marie-Louise (Timo)
8 mai 1895 - 10 octobre 1970

Professeur de chant et de piano au collège moderne de jeunes filles de Limoges,
rue François-Perrin, devenu aujourd'hui le lycée Suzanne-Valadon.
Décorée des palmes académiques en 1953.

PARENTS

10 - SARRE François (1854-1942)
Âge : 40 ans

11 - GROSBRAS Jeanne Eugénie (1857-1938)
Âge : 37 ans

3e enfant

FRÈRES ET SŒURS

1. **SARRE Jean-Charles (1879-1895)**
   - Sans descendance connue
2. **SARRE Alfred Valery (1882-1941)**
   - *MEYZEAUD Adrienne Léonie Aimée (1883-1929)*
   - Sans descendance connue

CONJOINTS ET ENFANTS

4 - NOËL Gaston Jean (1893-1930)
Mariage : 26 février 1919 - Limoges (Haute-Vienne)

Enfants :
NOËL Claude (1919-2005)
   - *RAYMOND Christiane (-2010)*
   - 5 enfants : Catherine, Patrick, Françoise, Frédérique et Christian
NOËL Claudine Maire Jeanne (1921-1923)
   - Sans descendance connue
NOËL Michel François (1924-2003)
   - *3 - MALAMAS Gilberte (1924-1984)*
   - 4 enfants : Dominique, Alain Pierre Christian, Philippe et Thierry Michel

CHRONOLOGIE

Naissance
8 mai 1895 - Limoges (Haute-Vienne)

2 mois	**Décès de son frère SARRE Jean-Charles** 29 juillet 1895
23 ans	**Mariage avec NOËL Gaston Jean** 26 février 1919 - Limoges (Haute-Vienne) mariage religieux à Saint-Pierre du Queyroix, Limoges, le 26/02/1919
23 ans	**Bénédiction** 26 février 1919 - Limoges (Haute-Vienne)
24 ans	**Naissance de son fils NOËL Claude** 29 décembre 1919
26 ans	**Naissance de sa fille NOËL Claudine Maire Jeanne** 12 octobre 1921
27 ans	**Décès de sa fille NOËL Claudine Maire Jeanne** 14 février 1923 - Limoges (Haute-Vienne)
29 ans	**Naissance de son fils NOËL Michel François** 26 octobre 1924 - Limoges (Haute-Vienne)
35 ans	**Décès de son conjoint NOËL Gaston Jean** 11 octobre 1930 - Limoges (Haute-Vienne)
43 ans	**Décès de sa mère GROSBRAS Jeanne Eugénie** 1er décembre 1938 - Limoges (Haute-Vienne)
46 ans	**Décès de son frère SARRE Alfred Valery** 30 août 1941 - Limoges (Haute-Vienne)
46 ans	**Décès de son père SARRE François** 20 janvier 1942 - Limoges (Haute-Vienne) inhumé le 22/01/1942 en l'église du Sacré-Cœur à Limoges
50 ans	**Mariage de son fils NOËL Michel François avec MALAMAS Gilberte** 20 février 1946 - Viroflay (Yvelines)
75 ans	**Décès** 10 octobre 1970 - Limoges (Haute-Vienne)

PHOTOS

DOCUMENTS

RÉPUBLIQUE FRANÇAISE.

MINISTÈRE DE L'ÉDUCATION NATIONALE.

Le Ministre de l'Éducation Nationale,

Vu l'article 32 du décret organique du 17 mars 1808 ;

Vu les ordonnances royales des 14 novembre 1844, 9 septembre 1845 et 1er novembre 1846 ;

*Vu les décrets des 9 novembre 1850, 7 avril et 27 décembre 1866, 24 décembre 1885,
25 mars 1921, 4 février 1922, 13 septembre 1924 et 23 juin 1928.*

Arrête :

*Madame Noël Madeleine
Professeur de Musique au Collège Moderne de Limoges (Haute-Vienne)
est nommé Officier d'Académie.*

*Pour ampliation,
L'Administrateur civil
chargé du bureau du Cabinet,*

*Fait à Paris, le 27 Juin 1953
Le Ministre de l'Éducation Nationale,
Signé : André Marie*

SOUVENIRS

C'était une femme plutôt triste et « sévère ». Nous mangions de temps en temps en famille le dimanche. Je garde le souvenir de ses paupiettes à la farce maigre et au madère (voir la recette), d'un
gâteau aux châtaignes et chantilly. J'aimais lui rendre visite le soir ; elle écoutait le « France musique » de l'époque et j'étais autorisé à en profiter, allongé sur un canapé, en promettant de ne pas
faire de bruit. Les yeux fermés, elle battait doucement la mesure de sa main sur l'accoudoir de son
fauteuil. Elle m'a donné pendant quelques mois des cours de piano, mais comme je n'étais apparem-
ment pas très motivé, elle n'a pas insisté. Les graines étaient toutefois semées et c'est à elle que je
dois mon attirance pour la musique. Il m'arrivait parfois de rencontrer chez elle quelques-uns de ses
amis. Je me souviens plus particulièrement d'un M. Faure, corpulent, chauve avec une grosseur sur
le crâne ! Une autre dame, dont je ne me rappelle pas le nom, mais dont je garde un souvenir impérissable, celui de l'odeur de son manteau noir en astrakan : un subtil mélange de javel et d'antimite !
Timo était toujours élégante. J'ai encore en tête sa démarche chaloupée qui faisait balancer sa jupe
de gauche à droite, tel un métronome.
Timo est vraisemblablement décédée d'un infarctus.

6
MALAMAS
Jean
1893 -1977

7
MILOR
Marguerite
1901 -1975

3
MALAMAS
Gilberte
1924 -1984

MALAMAS Jean
20 mars 1893 - 6 novembre 1977

Jean est né au Mas Ferrat près d'Oradour-sur-Glane de parents colons (*).

Cultivateur il a été incorporé dans l'infanterie en novembre 1913. Quelques jours après le début du conflit, il est gravement blessé par des éclats d'obus au fort de La Pompelle. Il sera amputé du bras droit et sa main gauche paralysée.

Décoré de la Médaille militaire, de la Croix de guerre avec palmes, officier de la Légion d'honneur, il sera pensionné à 100%. Il était également commandeur de l'Ordre international du Bien public, commandeur de la croix du mérite belgo-hispanique, détenteur de la médaille vermeil Art Sciences et Lettres et chevalier de la Courtoisie française.

Il est entré à la SNCF en septembre 1921, il y fera toute sa carrière. Il a habité, sans doute au gré des mutations (il était rédacteur principal à la SNCF[1]), à Saint-Brieuc, Viroflay et Versailles. À la retraite en janvier 1952, il a regagné sa région natale pour s'installer à Dieulidou (annexe **Erreur ! Source du renvoi introuvable.**)

Il a été adjoint au maire d'Oradour-sur-Glane de 1953 à 1977, il aura en charge les affaires sociales, sera le représentant de la commune au « comité de cylindrage » (ce qui permettra le goudronnage de la route de Dieulidou !) et en charge des mariages. C'est lui qui nous mariera, Martine et moi.

En 1953, à 60 ans, pour pouvoir assurer ses fonctions, il décidera de passer son permis de conduire et d'acheter un véhicule adapté à son handicap : l'inénarrable Mochet !

(*) À la différence du métayer qui peut payer le propriétaire avec le résultat de la vente de sa récolte, le colon va lui en donner une part en nature.

PARENTS

12 - MALAMAS Pierre (1864-1951)
colon
Âge : 28 ans

13 - VILLEMONTEIL Léonarde
(1872-1924)
Âge : 20 ans

2e enfant

FRÈRES ET SŒURS

1. **MALAMAS Pierre François (1891-1915)**
   - Sans descendance connue
2. **MALAMAS Pierre (1895-1947)**
   - *GENSAC Marie Mélanie (1898-1987)*
   - 1 enfant : Jean Marie Roger

---

[1] Le métier de rédacteur est un emploi administratif relevant des services centraux, à la direction commerciale des tarifs à Paris. Il consistait à rédiger des documents en rapport avec ce service.

CONJOINTS ET ENFANTS

7 - MILOR Marguerite Anne (1901-1975)
Mariage : 23 avril 1921 - Oradour-sur-Glane ; 87

Enfants :
MALAMAS Jacqueline (1922-2012)
• *ISSELIN Pierre (1904-1990)*
• 1 enfant : Martine
MALAMAS Gilberte (1924-1984)
• *2 - NOËL Michel François (1924-2003)*
• 4 enfants : Dominique, Alain Pierre Christian, Philippe et Thierry Michel
MALAMAS Marie José (1940-)
• *KOUCHNIR Maurice (1932-)*
• 2 enfants : Grégory et Anne

CHRONOLOGIE

	Naissance
	20 mars 1893 - Oradour-sur-Glane (Haute-Vienne)
2 ans	**Naissance de son frère MALAMAS Pierre**
	3 septembre 1895 – Mas Ferrat - Oradour-sur-Glane ; 87
7 ans	**Naissance de sa conjointe MILOR Marguerite Anne**
	17 mars 1901 - Saint-Brice sur Vienne (Haute-Vienne)
22 ans	**Décès de son frère MALAMAS Pierre François**
	29 décembre 1915 – Guéret ; 23
28 ans	**Mariage avec MILOR Marguerite Anne**
	23 avril 1921 - Oradour-sur-Glane ; 87
28 ans	**Naissance de sa fille MALAMAS Jacqueline**
	20 février 1922 - Paris (Seine)
30 ans	**Naissance de sa fille MALAMAS Gilberte**
	3 février 1924 - rue de la croix verte - Paris 75014
31 ans	**Décès de sa mère VILLEMONTEIL Léonarde**
	29 mars 1924 - Oradour-sur-Glane (Haute-Vienne)
47 ans	**Naissance de sa fille MALAMAS Marie José**
	Septembre 1940 - Saint-Brieuc (Côtes-d'Armor)
52 ans	**Mariage de sa fille MALAMAS Gilberte avec NOËL Michel François**
	20 février 1946 - Viroflay (Yvelines)
53 ans	**Décès de son frère MALAMAS Pierre**
	3 février 1947 - Malakoff (Hauts-de-Seine)
58 ans	**Décès de son père MALAMAS Pierre**
	21 avril 1951 - Viroflay (Yvelines)
78 ans	**Mariage de sa fille MALAMAS Marie José avec KOUCHNIR Maurice**
	27 mars 1971 - Colombes (Hauts-de-Seine)
82 ans	**Décès de sa conjointe MILOR Marguerite Anne**
	21 décembre 1975 - Oradour-sur-Glane (Haute-Vienne)
84 ans	**Décès**
	6 novembre 1977 - Oradour-sur-Glane (Haute-Vienne)

PHOTOS

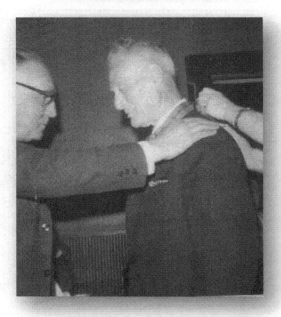

DOCUMENTS

Jean Malamas, 83 ans, de Dieu-lidou.

Notre ami, M. Jean Malamas vient de franchir le seuil de la maison du Père. Le dimanche 6 novembre, entouré de ses enfants, il nous quittait sur « la pointe des pieds », comme pour s'excuser de prendre congé des siens et de ses amis. Parler de l'homme est une chose superflue quand on se souvient de la vie qui fut la sienne et des souffrances physiques et morales qu'il dut surmonter et vaincre dans sa jeunesse.

La retraite le rendit présent à sa commune et sa devise aurait pu être : « Tout à tous ».

Parler du chrétien ! J'ai peur de manquer de délicatesse à l'égard de M. Jean Malamas, lequel vivant totalement sa foi, mais cela de façon si naturelle et allant de soi, qu'il ne comprendrait pas qu'il ait pu en être autrement. Oui, notre ami et frère a vraiment réussi sa vie. Il vient de retrouver sa compagne, Mme Malamas. A toute sa famille, nous disons que son souvenir et son exemple seront encore longtemps présents dans nos mémoires.

LA VOITURETTE
MOCHET G.M. 125 *de luxe*

Fiche d'affectation cre...

Nom : *Malamas*

Prénoms : *Jean*   Surnoms :

Numéro matricule
du recrutement :   *872*

Classe
de mobilisation :

ÉTAT CIVIL.

Né le *30 Mars 1893*, à *Oradour s/ Glane*, canton
de *Saint Junien*, département de la *H.te Vienne*, résidant
à *Saint Junien*, canton du *dit*, département
de la *Haute Vienne*, profession de *cultivateur*
fils de *Pierre*
et de *Villemonteil Françoise*, domiciliés
à *S. Junien*, canton du *dit*, département d *la H.te Vienne*

Marié à

SIGNALEMENT.

Cheveux *chat clair*   Yeux *gris bleu*
Front *moyen*   Nez *rond*
Visage *plein*, Renseignements physionomiques
complémentaires :

Taille : 1 mètre *65*   centimètres.
Taille rectifiée : 1 mètre   centimètres.
Marques particulières :

Degré d'instruction : *3*

DÉCISION DU CONSEIL DE REVISION ET MOTIFS.

Inscrit sous le *108* de la liste du canton de *Saint Junien*

Classé dans la *1re* partie de la liste en 19 *13*

CORPS D'AFFECTATION.	NUMÉROS	
	au CONTRÔLE spécial.	MATRICULE au ao répertoire.
Arme active. *9.e Rég.t d'Artillerie R.D.*		*5549*
Disponibilité et réserve de l'armée active.		
Armée territoriale et sa réserve. *23 piensère et Vosges*		

DÉTAIL DES SERVICES ET MUTATIONS DIVERSES.

*Incorporé à compter du 28 Novembre 1913, arrivé
au corps le dit jour. Proposé pour une pension de retraite de 3.a
par la C.n de Bourges du 4-9-15. Amputation au bras droit. Lésion
grave du nerf radial gauche paralysie complète des extenseurs de la
main et des doigts. Sortie 9 Bourdieux par S.t Junien. Admis à
la pension de retraite de 750 frs. pour trait. du 26.3.16.
Certificat de bonne conduite "accordé."*
...

*(1913. 872) Réf.a R.D n°9, pension permanente 100%
... + art. 10, par décision de la 1.re Commission de Réforme de
la Seine du 1.er Avril 1930 pour : 1° amputation du
bras droit au 1/3 supérieur inappareillable, 2° Réaction
péritique du poignac, douleurs fise crises avec épilepsie
...le poignac, ... d'un rhumatisme douloureux
3° à gauche paralysie radicale avec ...
pratiquement ... inutilisable.*

*D.O.M. P.P. 100% + 9 depuis + article 13 et article 36 : 178 907 n° 8?
20 majoration : c) 5 majoration = 115 ramené à 100% (c) 60 +370 +37
20 +10% : 41 20% D.M9 C.R de Limoges du 27 mars 1957*

LOCALITÉS SUCCESSIVES HABITÉES
PAR SUITE DE CHANGEMENTS DE DOMICILE OU DE RÉSIDENCE

Dates.	Communes.	Subdivisions de région.	

ÉPOQUE
À LAQUELLE L'HOMME DOIT PASSER DANS

la réserve de l'armée active.	l'armée territoriale.	la réserve de l'armée territoriale.	DATE DE LA LIBÉRATION du service militaire.

PASSAGES D'UN CORPS

Armée 1° dans l
territoriale {dans l (supplémentaires)

Spéciales aux hommes du service de la
garde des voies de communication.

adressé à la Préfecture de

1957

Le dimanche suivant, Jean Brouillaud fut élu maire.

Henri Cathalifaud et Robert Lapuelle bien qu'ayant obtenu le plus grand nombre de voix lors des élections, ne sollicitèrent pas de poste d'adjoint.

C'est **Jean Malamas**, nouveau retraité de l'administration, grand mutilé14-18, Légion d'honneur, belle prestance et sympathique qui sera 1ᵉʳ adjoint.

Marcel Hyvernaud, enfant d'Oradour dont la famille a été très éprouvée le 10 juin 44 - il a perdu ses parents et six frères et sœurs - est élu 2ᵉᵐᵉ adjoint.

Une élection très satisfaisante mais des problèmes de fonctionnement allaient cependant se poser.

Jean Brouillaud était en poste à Limoges et ne venait à Oradour que les fins de semaine.

Jean Malamas résidait à Dieulidou et il ne conduisait pas. Marcel Hyvernaud, artisan carrier, passait la majeure partie de son temps au volant de son camion et n'était pas facilement joignable.

Aussi le maire fit-il désigner Henri Cathalifaud « conseiller municipal délégué à la signature et aux affaires urgentes ».

André Bucquet, secrétaire de mairie, ne manquera pas de le solliciter et de lui rendre visite presque chaque jour à la pharmacie.

Jean Malamas, homme lucide et courageux, comprit vite qu'une voiture lui devenait indispensable.

A 60 ans, bien qu'amputé du bras, il décida de passer son permis de conduire et d'acheter une voiture adaptée à son état.

Le trajet de Dieulidou ne lui posa plus de problème. Présent à la mairie de façon presque journalière, toujours aimable et disponible, il rendra de grands services. Il dégagera Henri Cathalifaud de certaines contraintes.

Dans le même temps, Robert Lapuelle devenait délégué à la signature pour les affaires sanitaires et sociales.

De fait, **Robert Lapuelle** et **Henri Cathalifaud**, aidés par **Jean Malamas**, sont déjà les principaux acteurs de la conduite des affaires.

Les réalisations à effectuer sont nombreuses. Les hameaux ne disposent pas de l'eau courante comme dans la plupart des communes et des bourgs du département. Les routes communales ne sont pas encore toutes goudronnées. Ce sont ce qu'on appelle des routes blanches[1], en raison des cailloux apparents. D'autres départementales comme Oradour – Peyrilhac deviennent impraticables tellement le revêtement est dégradé.

Aujourd'hui où l'automobile est reine, où chaque demeure dispose d'une salle d'eau et de W.C. intérieur et du chauffage, on peut avoir une idée du travail accompli.

Pendant ce premier mandat, la municipalité réussira à acquérir 3 hectares 50 de terrain à Rentier et, sous l'impulsion de Jean Vauchamp, à lancer la première partie de l'adduction d'eau des Bordes.

Les subventions sont longues à obtenir, parfois plusieurs années.

Les maisons du nouveau bourg ont toutes l'eau courante ainsi que le W.C à l'intérieur mais très peu ont le chauffage. En regard d'autres bourgs, c'est pourtant un progrès considérable.

Les efforts de la municipalité porteront surtout sur la reprise des **activités associatives** et sur l'entretien des voies communales.

---

(1) J'ai connu la route de Rentier aux Trois Arbres en cet état ainsi que celle d'Oradour à Dieulidou.

58

SOUVENIRS

Mon grand-père représentait pour moi « la force tranquille ». J'étais impressionné par ce qu'il arrivait à faire avec son seul bras gauche à la main mutilée !

La bêche qui tranche la terre de son immense jardin, le mouvement précis pour la retourner en appui sur sa jambe, laissant la motte retomber juste où il fallait… quelques coups bien placés pour l'émietter, le tout avec l'impression de facilité. Je vais vous relever un secret : Pépé arrosait parfois son jardin avec le contenu de la fosse septique ! Accessible au niveau du sol, à l'arrière de la maison, il y trempait son arrosoir et reversait le « précieux » liquide entre les rayons du potager. Hérésie ? Inconscience ? Allez donc savoir… En tout cas, ses carottes justes déterrées et lavées vite fait bien fait étaient un délice et je ne me privais pas de ce plaisir.

Le matin, c'était l'opération rasage ! Préparation de la mousse, le blaireau qui balaie les joues et le menton et l'incomparable raclement du rasoir sur la peau : souvenir auditif indestructible, allez savoir pourquoi !

Pépé, c'était un regard. Pas un mot plus haut que l'autre, mais un sourire taquin et bienveillant.

C'était aussi son invraisemblable « Mochet ». Une « voiture » sans permis à deux places, propulsée par un moteur de moto dont le démarrage était conditionné par la manipulation du « titillateur », sans doute pour amorcer l'arrivée d'essence dont l'odeur se répandait allègrement dans l'habitacle, et le maniement d'un levier récalcitrant en guise de démarreur. Un jour, c'est jusqu'à Limoges, distante de 25 km que cet engin a amené le couple Malamas ; à l'arrivée, une belle remontée de bretelles de leur fille…

Plus tard, il eut une vraie voiture, une Dauphine, bleu ciel. Elle avait été modifiée pour tenir compte de son handicap : levier de vitesse au pied, boule sur le volant équipé d'une platine avec leviers de clignoteurs et bouton de klaxon.

Écrire ? Pas de problème : la feuille était immobilisée avec un presse-papier.

Faire ses lacets ? Pas facile d'une seule main amochée. Il avait trouvé la solution : ne pas les lacer ! Il tirait dessus et les coinçait dans la chaussure entre sa cheville et le cuir. Ce n'était sans doute pas confortable, mais ça tenait.

Jouer aux cartes ? Papa lui avait fabriqué un support pour maintenir les cartes alignées devant lui. La pêche, la chasse aux champignons ne lui posaient aucun problème. Du moins en apparence ! Accrocher une sauterelle à l'hameçon ne devait pas être évident.

Il était pieux, croyant et fervent pratiquant. Tous les dimanches, c'était messe à Oradour-sur-Glane. Très souvent un pèlerinage à Lourdes. Avec Mémé, ils m'avaient emmené une fois.

Il s'est éteint, foudroyé par un accident cérébral, en plein repas de famille…

MILOR Marguerite Anne
17 mars 1901 - 21 décembre 1975

Mémé est née à Saint-Brice sur Vienne.

Comme son mari, je l'ai connue calme et bienveillante. Je garde d'elle un souvenir impérissable de son décolleté ! Petit enfant, j'aimais passer mon doigt dans l'étonnant sillon de son imposante poitrine…

Mémé était, elle aussi, très pratiquante et investie dans la communauté catholique. Tous les ans, elle organisait chez elle « le mois de Marie ». J'y ai participé en installant dans le salon la statue de la Vierge et de nombreux bouquets de fleurs blanches, mais ne garde aucun souvenir de la « cérémonie » par elle-même.

Mémé, c'était la préparation des pâtes de coing qui séchaient dans le four de la cuisinière, les balades, assis sur le porte-bagages de son vélo lorsqu'elle visitait des paroissiennes…

À l'inverse de son mari qui entretenait une importante correspondance, je ne l'avais jamais vu tenir un stylo et cela m'avait intrigué. Je lui avais donc demandé si elle savait écrire : ça l'avait beaucoup fait rire !

Elle est partie, emportée par un cancer généralisé.

NB : c'est à partir de sa génération que les Milord ont perdu leur « d », erreur de son père qui ignorait l'orthographe de son nom (voir sa signature), car ce fut le cas pour ses trois enfants.

PARENTS

14 - MILORD Léonard Jean (1872-1943)
Menuisier à La-Croix-Blanche
Âge : 28 ans

2e enfant (légitime)

15 - DESOURTEAUX Anne (1877-1924)
Âge : 23 ans

FRÈRES ET SŒURS

1. **MILOR Marie Mélanie (1899-1926)**
   • *GILLET Jean (1890-)*
   • 2 enfants : Yvonne et Aimée
2. **MILOR Pierre Léon (1905-1975)**
   • *LEVEQUE Marie Thérèse Antoinette (1907-1984)*
   • 2 enfants : Jean Louis et André Louis

CONJOINTS ET ENFANTS

6 - MALAMAS Jean (1893-1977)
Mariage : 23 avril 1921 - Oradour-sur-Glane ; 87

Enfants :
MALAMAS Jacqueline (1922-2012)
- *ISSELIN Pierre (1904-1990)*
- 1 enfant : Martine

MALAMAS Gilberte (1924-1984)
- *2 - NOËL Michel François (1924-2003)*
- 4 enfants : Dominique, Alain Pierre Christian, Philippe et Thierry Michel

MALAMAS Marie José (1940-)
- *KOUCHNIR Maurice (1932-)*
- 2 enfants : Grégory et Anne

CHRONOLOGIE

	Naissance 17 mars 1901 - Saint-Brice sur Vienne (Haute-Vienne)
3 ans	**Naissance de son frère MILOR Pierre Léon** 15 février 1905 - Saint-Brice sur Vienne (Haute-Vienne)
20 ans	**Mariage avec MALAMAS Jean** 23 avril 1921 - Oradour-sur-Glane ; 87
20 ans	**Naissance de sa fille MALAMAS Jacqueline** 20 février 1922 - Paris (Seine)
22 ans	**Naissance de sa fille MALAMAS Gilberte** 3 février 1924 - rue de la croix verte - Paris 75014
23 ans	**Décès de sa mère DESOURTEAUX Anne** 19 novembre 1924
25 ans	**Décès de sa sœur MILOR Marie Mélanie** 6 avril 1926 - Oradour-sur-Glane ; 87
39 ans	**Naissance de sa fille MALAMAS Marie José** Septembre 1940 - Saint-Brieuc (Côtes-d'Armor)
42 ans	**Décès de son père MILORD Léonard Jean** 16 septembre 1943
44 ans	**Mariage de sa fille MALAMAS Gilberte avec NOËL Michel François** 20 février 1946 - Viroflay (Yvelines)
70 ans	**Mariage de sa fille MALAMAS Marie José avec KOUCHNIR Maurice** 27 mars 1971 - Colombes (Hauts-de-Seine)
74 ans	**Décès de son frère MILOR Pierre Léon** 29 septembre 1975 - Oradour-sur-Glane ; 87
74 ans	**Décès** 21 décembre 1975 – Hôpital de Limoges

PHOTOS

DOCUMENTS

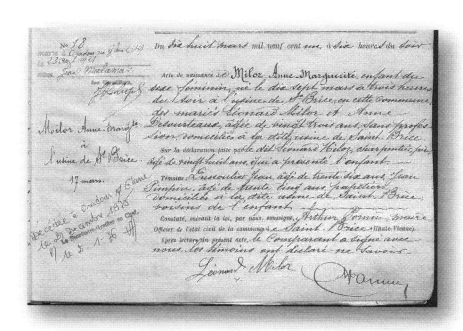

8
NOEL
Etienne
1867 -1942

9
COUDERT
Marie
1871 -1926

4
NOEL
Gaston
1893 -1930

NOËL Étienne Claude
6 juin 1867 - 18 avril 1942

Né à Bort-les-Orgues, il obtient son Brevet d'Études à Tulle en 1885 puis, après 3 ans à l'École Normale de Constantine (Algérie) et plusieurs années comme enseignant stagiaire, il obtient son Certificat d'Aptitude Pédagogique en 1895.

Il sera dispensé de service militaire contre un engagement de 10 ans dans l'enseignement.

Il enseigne successivement en tant qu'instituteur stagiaire dans les écoles primaires de Sétif (1888-1890), Bougie (1890-1892), Sidi-Aïch (1893-1895).

Il revient en France en 1895 et enseigne quelques mois à Cieux, puis à Janailhac (1896-1903) en tant que titulaire. Il terminera sa carrière d'instituteur à Meilhac à 56 ans en 1923 où il sera également secrétaire de mairie.

Un mois après le décès de son épouse en 1927, il vend à son fils Gaston l'immeuble de la rue François Perrin moyennant un capital, une rente annuelle et un droit à un logement de 6 ans. Sans doute attiré par le soleil de sa jeunesse, il partira à Nice où il décédera, 40 rue de la Voie romaine (sans doute à l'hôpital Pasteur). Il habitait au 32 rue de la Reine Jeanne.

PARENTS

16 - NOËL Jean (1835-)
Galocher - négociant
Âge : 31 ans

3e enfant

17 - SAUGERES Anne (1829-)
Domestique
Âge : 37 ans

FRÈRES ET SŒURS

1. **NOËL Jean Baptiste (1863-)**
   - *PARRE Marie (1868-)*
   - Sans descendance connue
2. **NOËL Anne Françoise (1866-)**
   - Sans descendance connue
3. **NOËL Gabriel (1871-)**
   - Sans descendance connue

CONJOINTS ET ENFANTS

9 - COUDERT Marie (1871-1926)
Mariage : 1er octobre 1892 - Saint-Bonnet-Près-Bort (Corrèze)

Enfants :
NOËL Gaston Jean (1893-1930)
 - *SARRE Madeleine Marie-Louise (1895-1970)*
 - 3 enfants : Claude, Claudine Maire Jeanne et Michel François

CHRONOLOGIE

Naissance
6 juin 1867 - Bort-les-Orgues (Corrèze)

3 ans	**Naissance de sa conjointe COUDERT Marie** 9 février 1871 - Saint-Bonnet-Près-Bort (Corrèze)
3 ans	**Naissance de son frère NOËL Gabriel** 21 mai 1871 - Bort-les-Orgues (Corrèze)
25 ans	**Mariage avec COUDERT Marie** 1er octobre 1892 - Saint-Bonnet-Près-Bort (Corrèze)
26 ans	**Naissance de son fils NOËL Gaston Jean** 8 août 1893 - Constantine
51 ans	**Mariage de son fils NOËL Gaston Jean avec SARRE Madeleine Marie-Louise** 26 février 1919 - Limoges (Haute-Vienne)
59 ans	**Décès de sa conjointe COUDERT Marie** 23 octobre 1926 - Limoges (Haute-Vienne)
63 ans	**Décès de son fils NOËL Gaston Jean** 11 octobre 1930 - Limoges (Haute-Vienne)
74 ans	**Décès** 18 avril 1942 - Nice (Alpes-Maritimes)

PHOTOS

DOCUMENTS

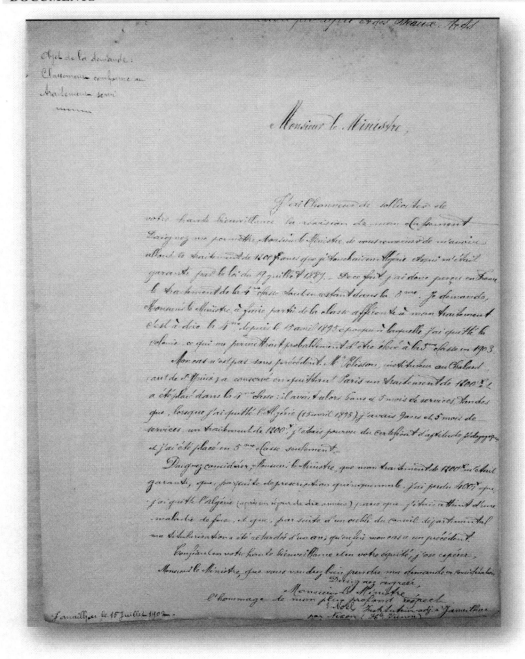

Noël *Étienne-Claude*

né le 6 juin 1857

à Bort

département de la Corrèze

ancien élève de l'École Normale de Constantine (1877-1880)

RÉSIDENCES	FONCTIONS	TRAITEMENT	DATE DE LA NOMINATION	DATE DE L'INSTALLATION	DATE DE LA CESSATION des FONCTIONS	DURÉE DES SERVICES		
						Ans	Mois	Jours
Sétif (Constantine)	instituteur stagiaire		6 oct. 1877					
Bougie (C.)	"		16 oct. 1878					
		congé sans traitement du 1er au 15 octobre 1878						
Bône-Sidi (C.)	"		1er mars 1879					
Philippeville (C.)	"		1er oct. 1879					
Alleur	"	900	1er avril 1886	16 avril 1886				
Jarnailhac	"		24 août 1896	14 9bre 1896	14 avril 1907			
Millac	Titulaire avec effet du 1er janvier 1896 (arrêté du 17 avril 1896)	1200	10 avril 1907	10 avril 1907	30 7bre 1923			

Admis à la retraite

à cette le 30 7bre 1923

Promu à la	6e classe par arrêté en date du	avec effet à dater du
	5e classe par arrêté en date du 17 avril 1896	avec effet à dater du 1er janvier 1896
	4e classe par arrêté en date du	avec effet à dater du
	3e classe par arrêté en date du	avec effet à dater du
	2e classe par arrêté en date du	avec effet à dater du
	1re classe par arrêté en date du	avec effet à dater du

COUDERT Marie
9 février 1871 - 23 octobre 1926

Née à Saint Bonnet-près-Bort, elle était institutrice.

Elle obtient son Brevet Supérieur en 1891 après ses études à l'École Normale de Tulle.

Elle enseigne à Treignac en tant qu'institutrice stagiaire (1892-1893), puis à Sidi-Aïch (1893) Elle ne supporte pas le climat d'Algérie et sera en congé pour raison de santé d'octobre1893 à octobre 1894. Elle reviendra en France, avant son mari, pour enseigner à l'école maternelle de Bort (1894-1895) Elle est ensuite mutée à Janailhac avec son époux (1895-1903) Elle est titularisée en 1896 et finit sa carrière d'institutrice à Meilhac (1903-1925).

Elle décédera un an après son départ à la retraite.

PARENTS

18 - COUDERT Jean (1837-1917)
Âge : 33 ans

1er enfant

19 - LHERITIER Antoinette

CONJOINTS ET ENFANTS

8 - NOËL Étienne Claude (1867-1942)
Mariage : 1er octobre 1892 - Saint-Bonnet-Près-Bort (Corrèze)

Enfants :
NOËL Gaston Jean (1893-1930)
• *SARRE Madeleine Marie-Louise (1895-1970)*
• 3 enfants : Claude, Claudine Maire Jeanne et Michel François

CHRONOLOGIE

	Naissance	
	9 février 1871 - Saint-Bonnet-Près-Bort (Corrèze)	
21 ans	**Mariage avec NOËL Étienne Claude**	
	1er octobre 1892 - Saint-Bonnet-Près-Bort (Corrèze)	
22 ans	**Naissance de son fils NOËL Gaston Jean**	
	8 août 1893 - Constantine	
46 ans	**Décès de son père COUDERT Jean**	
	20 juin 1917 - Saint-Bonnet-Près-Bort (Corrèze)	
48 ans	**Mariage de son fils NOËL Gaston Jean avec SARRE Madeleine Marie-Louise**	
	26 février 1919 - Limoges (Haute-Vienne)	
	mariage religieux à Saint-Pierre-du-Queyroix, Limoges, le 26/02/1919	
55 ans	**Décès**	
	23 octobre 1926 - Limoges (Haute-Vienne)	

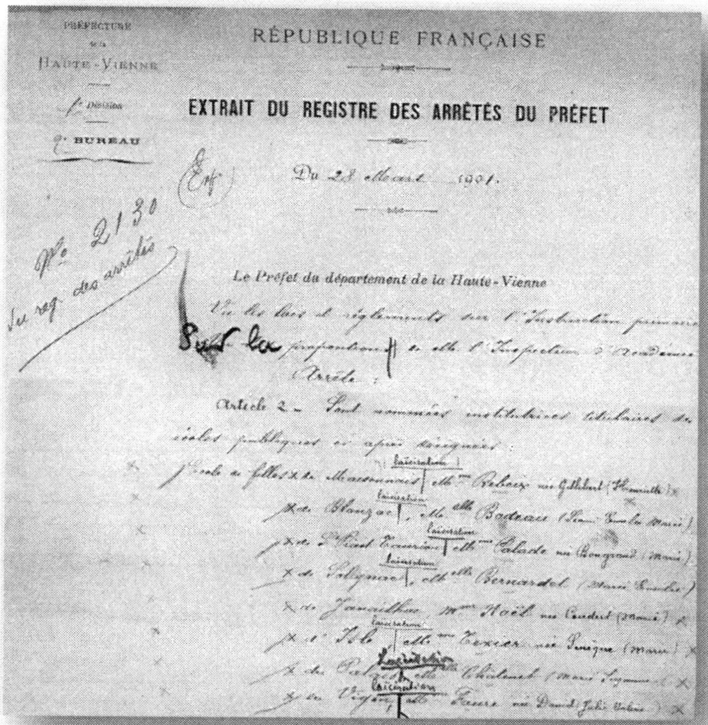

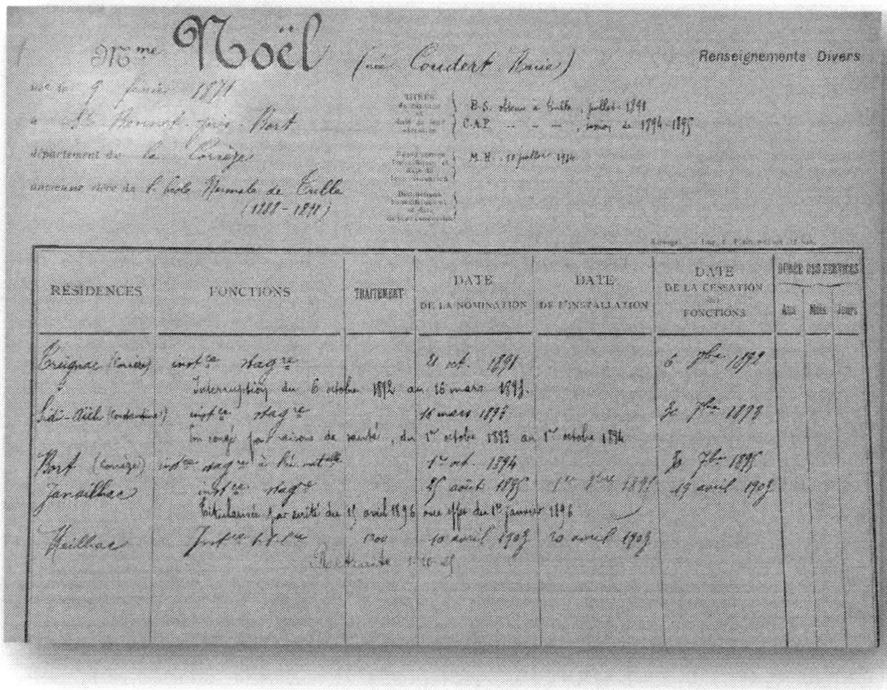

10
SARRE
François
1854 -1942

11
GROSBRAS
Jeanne
1857 -1938

5
SARRE
Madeleine
1895 -1970

SARRE François
15 octobre 1854 - 20 janvier 1942

François SARRE est né près de Boisseuil, au moulin de Lanaud. Il fréquente l'école primaire de Solignac et se fixe à Limoges en 1879 pour poursuivre ses études musicales. Il sera l'un des premiers diplômés du concours pour l'enseignement de la musique dans les lycées, collèges et écoles normales. Il enseignera dans plusieurs écoles communales et au lycée de jeunes filles de Limoges (actuellement lycée Léonard Limosin) où il finira sa carrière en 1919.

Il publiera une méthode de solfège et de calligraphie musicale complétée de l'invention d'une plume spéciale pour l'écriture de la musique.

Il composera de nombreuses mélodies dont « Lo brianço », des chants religieux et un opéra, et harmonisera de nombreux chants traditionnels limousins.

En 1874 (il a 20 ans) il habite 2 route d'Aixe
En 1882 (il a 28 ans) il habite 4 route d'Aixe avec son frère cordonnier
En 1887 (il a 33 ans) il habite 26 bd Victor Hugo
En 1889 (il a 35 ans) il habite 39 bd Gambetta
En 1903 (il a 49 ans) il habite 21 place des Bancs
En 1932 (il a 78 ans) il habite 13 route d'Aixe

François SARRE a été décoré des palmes académiques (Officier d'Académie)

Tous les détails sur le site qui lui est consacré :

Toutes ses compositions sur :

http://frsarre.dx.am/

https://frsarre.bandcamp.com

PARENTS

20 - SARRE Jean (1825-1870)
cultivateur
Âge : 29 ans

1er enfant (légitime)

21 - FAUCHER Madeleine (1832-1892)
Âge : 22 ans

FRÈRES ET SŒURS

1. **SARRE François Valery (1856-1913)**
   • *BAIGNOL Berthe Marie (1863-)*
   • Sans descendance connue

CONJOINTS ET ENFANTS

11 - GROSBRAS Jeanne Eugénie (1857-1938)
Mariage : 21 août 1878 - Limoges (Haute-Vienne)

Enfants
SARRE Jean-Charles (1879-1895)
• Sans descendance connue
SARRE Alfred Valery (1882-1941)
• *MEYZEAUD Adrienne Léonie Aimée (1883-1929)*
• Sans descendance connue
SARRE Madeleine Marie-Louise (1895-1970)
• *4 - NOËL Gaston Jean (1893-1930)*
• 3 enfants : Claude, Claudine Maire Jeanne et Michel François

CHRONOLOGIE

Naissance
15 octobre 1854 - Boisseuil (Haute-Vienne)

2 ans
Naissance de son frère SARRE François Valery
14 décembre 1856 - Solignac (Haute-Vienne)

2 ans
Naissance de sa conjointe GROSBRAS Jeanne Eugénie
12 octobre 1857 - Limoges (Haute-Vienne)

15 ans
Décès de son père SARRE Jean
24 juillet 1870 - Solignac (Haute-Vienne)

23 ans
Mariage avec GROSBRAS Jeanne Eugénie
21 août 1878 - Limoges (Haute-Vienne)

24 ans
Naissance de son fils SARRE Jean-Charles
29 août 1879

27 ans
Naissance de son fils SARRE Alfred Valery
18 juin 1882 - Limoges (Haute-Vienne)

37 ans
Décès de sa mère FAUCHER Madeleine
5 octobre 1892

40 ans
Naissance de sa fille SARRE Madeleine Marie-Louise
8 mai 1895 - Limoges (Haute-Vienne)

40 ans
Décès de son fils SARRE Jean-Charles
29 juillet 1895

49 ans
Mariage de son fils SARRE Alfred Valery avec MEYZEAUD Adrienne Léonie Aimée
20 février 1904 - Limoges (Haute-Vienne)

58 ans
Décès de son frère SARRE François Valery
10 septembre 1913

64 ans
Mariage de sa fille SARRE Madeleine Marie-Louise avec NOËL Gaston Jean
26 février 1919 - Limoges (Haute-Vienne)

84 ans
Décès de sa conjointe GROSBRAS Jeanne Eugénie
1er décembre 1938 - Limoges (Haute-Vienne)

86 ans
Décès de son fils SARRE Alfred Valery
30 août 1941 - Limoges (Haute-Vienne)l

87 ans
Décès
20 janvier 1942 - Limoges (Haute-Vienne)
inhumé le 22/01/1942 en l'église du Sacré-Cœur à Limoges

PHOTOS

Le Personnel du Collège

DOCUMENTS

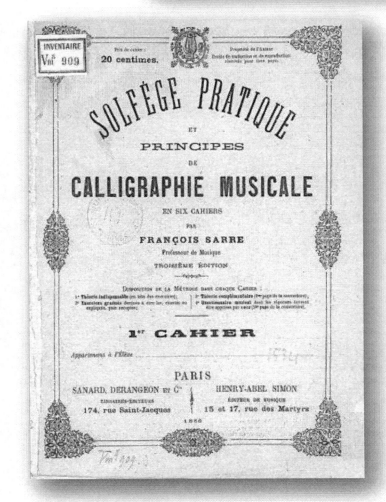

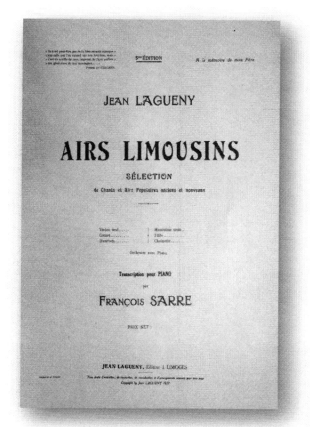

GROSBRAS Jeanne Eugénie
12 octobre 1857 - 1er décembre 1938

Jeanne est née à Limoges.
Elle a été repasseuse

PARENTS

22 - GROSBRAS Jean (1815-1859)
menuisier
Âge : 42 ans

1er enfant (légitime)

23 - CLUZET Marie (1829-1882)
journalière
Âge : 28 ans

CONJOINTS ET ENFANTS

10 - SARRE François (1854-1942)
Mariage : 21 août 1878 - Limoges (Haute-Vienne)

Enfants
SARRE Jean-Charles (1879-1895)
  • Sans descendance connue
SARRE Alfred Valery (1882-1941)
  • *MEYZEAUD Adrienne Léonie Aimée (1883-1929)*
  • Sans descendance connue
SARRE Madeleine Marie-Louise (1895-1970)
  • *4 - NOËL Gaston Jean (1893-1930)*
  • 3 enfants : Claude, Claudine Maire Jeanne et Michel François

CHRONOLOGIE

	Naissance
	12 octobre 1857 - Limoges (Haute-Vienne)
21 mois	**Décès de son père GROSBRAS Jean**
	20 juillet 1859
20 ans	**Mariage avec SARRE François**
	21 août 1878 - Limoges (Haute-Vienne)
21 ans	**Naissance de son fils SARRE Jean-Charles**
	29 août 1879

24 ans	**Naissance de son fils SARRE Alfred Valery** 18 juin 1882 - Limoges (Haute-Vienne) livret de famille
24 ans	**Décès de sa mère CLUZET Marie** 28 juillet 1882
37 ans	**Naissance de sa fille SARRE Madeleine Marie-Louise** 8 mai 1895 - Limoges (Haute-Vienne)
37 ans	**Décès de son fils SARRE Jean-Charles** 29 juillet 1895
46 ans	**Mariage de son fils SARRE Alfred Valery avec MEYZEAUD Adrienne Léonie Ai-mée** 20 février 1904 - Limoges (Haute-Vienne)
61 ans	**Mariage de sa fille SARRE Madeleine Marie-Louise avec NOËL Gaston Jean** 26 février 1919 - Limoges (Haute-Vienne)
81 ans	**Décès** 1er décembre 1938 - Limoges (Haute-Vienne)

PHOTOS

12
MALAMAS
Pierre
1864 -1951

13
VILLEMONTEIL
Léonarde
1872 -1924

6
MALAMAS
Jean
1893 -1977

MALAMAS Pierre
8 octobre 1864 - 21 avril 1951

Pierre est né à Javerdat, il était colon.

PARENTS

24 - MALAMAS Jean (1832-1906)
Âge : 31 ans

3e enfant (légitime)

25 - BREDIER Marie (1839-)
Âge : 24 ans

FRÈRES ET SŒURS

1. **MALAMAS Marguerite (1861-1929)**
   - *PAGNOUX Léonard (1854-1893)*
   - 1 enfant : Léonard
2. **MALAMAS Marguerite (1862-1946)**
   - *CHAZEAUBENEIX François (1864-)*
   - Sans descendance connue
3. **MALAMAS Pierre (1878-1944)**
   - *BARDET Marguerite (1879-1919)*
   - 2 enfants : Martial et Jean

CONJOINTS ET ENFANTS

13 - VILLEMONTEIL Léonarde (1872-1924)
Mariage : 11 janvier 1890 - Oradour-sur-Glane (Haute-Vienne)

Enfants :
MALAMAS Pierre François (1891-1915)
   - Sans descendance connue
MALAMAS Jean (1893-1977)
   - *7 - MILOR Marguerite Anne (1901-1975)*
   - 3 enfants : Jacqueline, Gilberte et Marie José
MALAMAS Pierre (1895-1947)
   - *GENSAC Marie Mélanie (1898-1987)*
   - 1 enfant : Jean Marie Roger

CHRONOLOGIE

Naissance
8 octobre 1864 - Javerdat (Haute-Vienne)

7 ans	**Naissance de sa conjointe VILLEMONTEIL Léonarde** 8 août 1872 - Oradour-sur-Glane (Haute-Vienne)
13 ans	**Naissance de son frère MALAMAS Pierre** 26 mai 1878 - Oradour-sur-Glane ; 87
25 ans	**Mariage avec VILLEMONTEIL Léonarde** 11 janvier 1890 - Oradour-sur-Glane (Haute-Vienne)
26 ans	**Naissance de son fils MALAMAS Pierre François** 2 avril 1891 - Oradour-sur-Glane ; 87
28 ans	**Naissance de son fils MALAMAS Jean** 20 mars 1893 - Oradour-sur-Glane (Haute-Vienne)
30 ans	**Naissance de son fils MALAMAS Pierre** 3 septembre 1895 – Mas Ferrat - Oradour-sur-Glane ; 87
41 ans	**Décès de son père MALAMAS Jean** 4 juillet 1906 – Mas Ferrat - Oradour-sur-Glane ; 87
51 ans	**Décès de son fils MALAMAS Pierre François**
56 ans	**Mariage de son fils MALAMAS Jean avec MILOR Marguerite Anne** 23 avril 1921 - Oradour-sur-Glane ; 87
59 ans	**Décès de sa conjointe VILLEMONTEIL Léonarde** 29 mars 1924 - Oradour-sur-Glane (Haute-Vienne)
64 ans	**Décès de sa sœur MALAMAS Marguerite** 14 avril 1929 - Oradour-sur-Glane (Haute-Vienne)
79 ans	**Décès de son frère MALAMAS Pierre** 9 avril 1944 - Oradour-sur-Glane ; 87
81 ans	**Décès de sa sœur MALAMAS Marguerite** 20 mars 1946 – Dieulidou - Oradour/glane
82 ans	**Décès de son fils MALAMAS Pierre** 3 février 1947 - Malakoff (Hauts-de-Seine)
86 ans	**Décès** 21 avril 1951 - Viroflay (Yvelines)

PHOTOS

VILLEMONTEIL Léonarde
8 août 1872 - 29 mars 1924

PARENTS

**26 - VILLEMONTEIL Etienne
(1826-1881)**
Âge : 45 ans

2e enfant (légitime)

27 - PASCHER Léonarde (1836-1881)
Âge : 36 ans

FRÈRES ET SŒURS

1. **VILLEMONTEIL Pierre (1859-1924)**
   • *BONNEAU OU BONNAUD Jeanne*
   • 1 enfant : Léonard

CONJOINTS ET ENFANTS

**12 - MALAMAS Pierre
(1864-1951)**
Mariage : 11 janvier 1890 -
Oradour-sur-Glane (Haute-
Vienne)

Enfants
MALAMAS Pierre François (1891-1915)
   • Sans descendance connue
MALAMAS Jean (1893-1977)
   • *7 - MILOR Marguerite Anne (1901-1975)*
   • 3 enfants : Jacqueline, Gilberte et Marie
   José
MALAMAS Pierre (1895-1947)
   • *GENSAC Marie Mélanie (1898-1987)*
   • 1 enfant : Jean Marie Roger

CHRONOLOGIE

	Naissance
	8 août 1872 - Oradour-sur-Glane (Haute-Vienne)
8 ans	**Décès de sa mère PASCHER Léonarde** 22 février 1881 - Oradour-sur-Glane (Haute-Vienne)
8 ans	**Décès de son père VILLEMONTEIL Etienne** 22 février 1881 - Oradour-sur-Glane (Haute-Vienne)

17 ans	**Mariage avec MALAMAS Pierre** 11 janvier 1890 - Oradour-sur-Glane (Haute-Vienne)
18 ans	**Naissance de son fils MALAMAS Pierre François** 2 avril 1891 - Oradour-sur-Glane ; 87
20 ans	**Naissance de son fils MALAMAS Jean** 20 mars 1893 - Oradour-sur-Glane (Haute-Vienne)
23 ans	**Naissance de son fils MALAMAS Pierre** 3 septembre 1895 – Mas Ferrat - Oradour-sur-Glane ; 87
43 ans	**Décès de son fils MALAMAS Pierre François** 29 décembre 1915 – Guéret ; 23
48 ans	**Mariage de son fils MALAMAS Jean avec MILOR Marguerite Anne** 23 avril 1921 - Oradour-sur-Glane ; 87
51 ans	**Décès de son frère VILLEMONTEIL Pierre** 11 mars 1924 - Champ du bois - Oradour-sur-Glane ; 87
51 ans	**Décès** 29 mars 1924 - Oradour-sur-Glane (Haute-Vienne)

PHOTOS

14
MILORD
Léonard
1872 -1943

15
DESOURTEAUX
Anne
1877 -1924

7
MILOR
Marguerite
1901 -1975

MILORD Léonard Jean
28 septembre 1872 - 16 septembre 1943

Menuisier à La Croix-Blanche, son fils Pierre prendra sa succession, développera l'affaire pour créer la scierie à Dieulidou.

PARENTS

28 - MILORD Léonard (1850-1926)
Charpentier, menuisier, propriétaire, adjoint à Oradour-sur-Glane en 1907
Âge : 21 ans

1er enfant (légitime)

29 - COMPAIN Marie (1852-1912)
Âge : 19 ans

FRÈRES ET SŒURS

1. **MILORD Pierre (1878-1942)**
   • *MARSAUDOU Marie (1884-1966)*
   • 1 enfant : Léon Honoré
2. **MILORD Léonard (1882-1944)**
   • *GOURINAT Mélanie Marguerite (1890-1944)*
   • 2 enfants : Théophile et Victor Léon
3. **MILORD Auguste (1884-1933)**
   • *BEAUBELICOU Léontine (1887-1944)*
   • 1 enfant : François Léonard René

CONJOINTS ET ENFANTS

15 - DESOURTEAUX Anne (1877-1924)
Mariage : 9 février 1897

Enfants
MILOR Marie Mélanie (1899-1926)
   • *GILLET Jean (1890-)*
   • 2 enfants : Yvonne et Aimée
MILOR Marguerite Anne (1901-1975)
   • *6 - MALAMAS Jean (1893-1977)*
   • 3 enfants : Jacqueline, Gilberte et Marie José
MILOR Pierre Léon (1905-1975)
   • *LEVEQUE Marie Thérèse Antoinette (1907-1984)*
   • 2 enfants : Jean Louis et André Louis

CHRONOLOGIE

Naissance
28 septembre 1872 - Oradour-sur-Glane (Haute-Vienne)

4
ans
Naissance de sa conjointe DESOURTEAUX Anne
18 juillet 1877 - Oradour-sur-Glane (Haute-Vienne)

5
ans
Naissance de son frère MILORD Pierre
29 janvier 1878 - Oradour-sur-Glane ; 87

9
ans
Naissance de son frère MILORD Léonard
20 février 1882 - Oradour-sur-Glane ; 87

11
ans
Naissance de son frère MILORD Auguste
1884

24
ans
Mariage avec DESOURTEAUX Anne
9 février 1897

26
ans
Naissance de sa fille MILOR Marie Mélanie
7 janvier 1899 - Saint-Brice sur Vienne (Haute-Vienne)

28
ans
Naissance de sa fille MILOR Marguerite Anne
17 mars 1901 - Saint-Brice sur Vienne (Haute-Vienne)

32
ans
Naissance de son fils MILOR Pierre Léon
15 février 1905 - Saint-Brice sur Vienne (Haute-Vienne)

40
ans
Décès de sa mère COMPAIN Marie
8 décembre 1912 – Landouge ; 87

46
ans
Mariage de sa fille MILOR Marie Mélanie avec GILLET Jean
18 février 1919

48
ans
Mariage de sa fille MILOR Marguerite Anne avec MALAMAS Jean
23 avril 1921 - Oradour-sur-Glane ; 87

52
ans
Décès de sa conjointe DESOURTEAUX Anne
19 novembre 1924

53
ans
Décès de sa fille MILOR Marie Mélanie
6 avril 1926 - Oradour-sur-Glane ; 87

53
ans
Décès de son père MILORD Léonard
8 mai 1926

55
ans
Mariage de son fils MILOR Pierre Léon avec LEVEQUE Marie Thérèse Antoinette
17 septembre 1928 - Limoges (Haute-Vienne)

60
ans
Décès de son frère MILORD Auguste
1933

69
ans
Décès de son frère MILORD Pierre
1er mars 1942 – Landouge ; 87

70
ans
Décès
16 septembre 1943

PHOTOS

DESOURTEAUX Anne
18 juillet 1877 - 19 novembre 1924

Vendait des tissus et tenait une épicerie à Dieulidou (à
la place de l'actuel gîte)

PARENTS

30 - DESOURTEAUX Pierre (1853-)
Forgeron Âge : 23 ans

1er enfant (légitime)

31 - LEVEQUE Anne (-1885)

FRÈRES ET SŒURS

1. **DESOURTEAUX Pierre (1882-)**
   • Sans descendance connue

CONJOINTS ET ENFANTS

**14 - MILORD Léonard Jean
(1872-1943)**
Mariage : 9 février 1897

Enfants :
MILOR Marie Mélanie (1899-1926)
   • *GILLET Jean (1890-)*
   • 2 enfants : Yvonne et Aimée
MILOR Marguerite Anne (1901-1975)
   • *6 - MALAMAS Jean (1893-1977)*
   • 3 enfants : Jacqueline, Gilberte et Marie
José
MILOR Pierre Léon (1905-1975)
   • *LEVEQUE Marie Thérèse Antoinette
(1907-1984)*
   • 2 enfants : Jean Louis et André Louis

CHRONOLOGIE

	Naissance 18 juillet 1877 - Oradour-sur-Glane (Haute-Vienne)
5 ans	**Naissance de son frère DESOURTEAUX Pierre** 4 novembre 1882 - Oradour-sur-Glane ; 87
7 ans	**Décès de sa mère LEVEQUE Anne** 10 avril 1885

19 ans	**Mariage avec MILORD Léonard Jean** 9 février 1897
21 ans	**Naissance de sa fille MILOR Marie Mélanie** 7 janvier 1899 - Saint-Brice sur Vienne (Haute-Vienne)
23 ans	**Naissance de sa fille MILOR Marguerite Anne** 17 mars 1901 - Saint-Brice sur Vienne (Haute-Vienne)
27 ans	**Naissance de son fils MILOR Pierre Léon** 15 février 1905 - Saint-Brice sur Vienne (Haute-Vienne)
41 ans	**Mariage de sa fille MILOR Marie Mélanie avec GILLET Jean** 18 février 1919
43 ans	**Mariage de sa fille MILOR Marguerite Anne avec MALAMAS Jean** 23 avril 1921 - Oradour-sur-Glane ; 87
47 ans	**Décès** 19 novembre 1924

PHOTOS

LES AUTRES ASCENDANTS

Ascendance de NOEL Etienne Claude

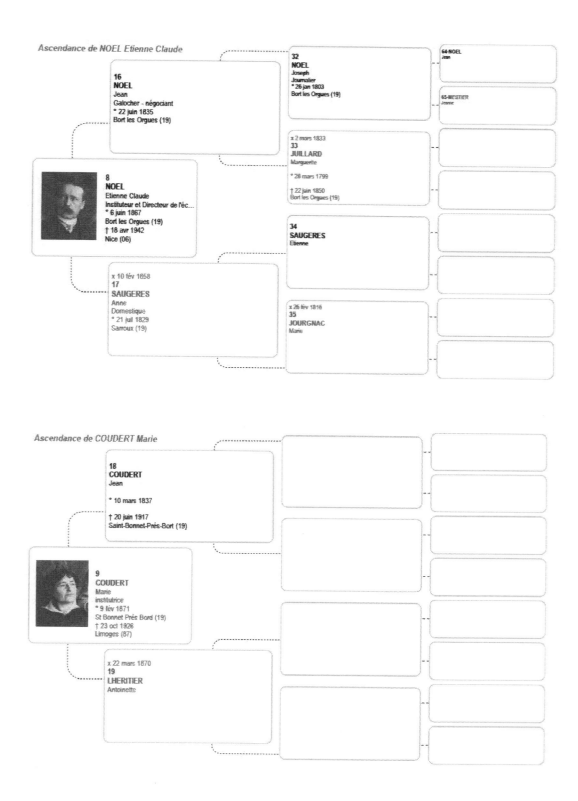

16
NOEL
Jean
Galocher - négociant
° 22 juin 1835
Bort les Orgues (19)

8
NOEL
Etienne Claude
Instituteur et Directeur de l'éc...
° 6 juin 1867
Bort les Orgues (19)
† 18 avr 1942
Nice (06)

x 10 fév 1858
17
SAUGERES
Anne
Domestique
° 21 juil 1829
Sarroux (19)

32
NOEL
Joseph
Journalier
° 26 jan 1803
Bort les Orgues (19)

x 2 mars 1833
33
JUILLARD
Marguerite
° 28 mars 1799
† 22 juin 1850
Bort les Orgues (19)

34
SAUGERES
Etienne

x 26 fév 1816
35
JOURGNAC
Marie

64-NOEL
Jean

65-MESTIER
Jeanne

Ascendance de COUDERT Marie

18
COUDERT
Jean
° 10 mars 1837
† 20 juin 1917
Saint-Bonnet-Prés-Bort (19)

9
COUDERT
Marie
institutrice
° 9 fév 1871
St Bonnet Prés Bord (19)
† 23 oct 1926
Limoges (87)

x 22 mars 1870
19
LHERITIER
Antoinette

Ascendance de SARRE François

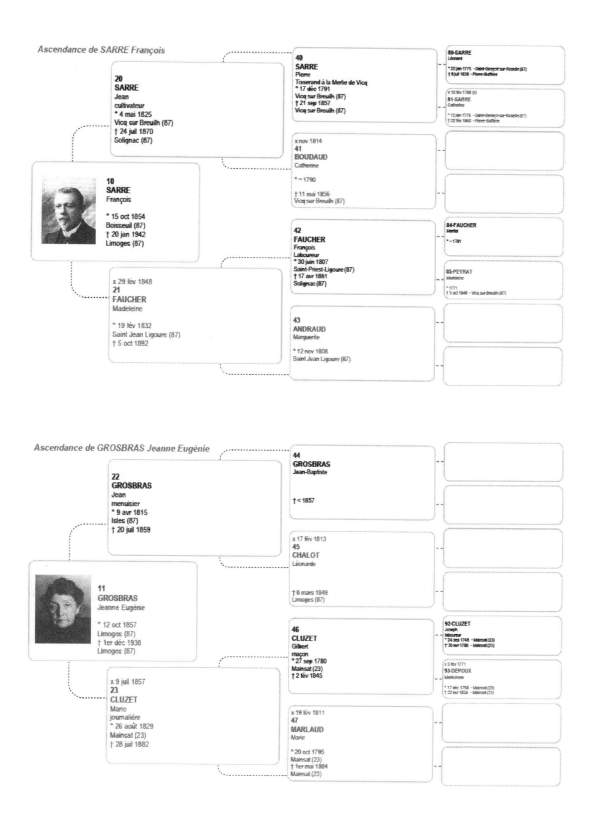

20
SARRE
Jean
cultivateur
* 4 mai 1825
Vicq sur Breuilh (87)
† 24 juil 1870
Solignac (87)

10
SARRE
François
* 15 oct 1854
Boisseuil (87)
† 20 jan 1942
Limoges (87)

x 29 fév 1848
21
FAUCHER
Madeleine
* 19 fév 1832
Saint Jean Ligoure (87)
† 5 oct 1892

40
SARRE
Pierre
Tisserand à la Merlie de Vicq
* 17 déc 1791
Vicq sur Breuilh (87)
† 21 sep 1857
Vicq sur Breuilh (87)

x nov 1814
41
BOUDAUD
Catherine
* ~ 1790
† 11 mai 1856
Vicq sur Breuilh (87)

42
FAUCHER
François
Laboureur
* 30 juin 1807
Saint-Priest-Ligoure (87)
† 17 avr 1861
Solignac (87)

43
ANDRAUD
Marguerite
* 12 nov 1808
Saint Jean Ligoure (87)

80-SARRE
Léonard
* 22 jan 1775 - Saint-Genest-sur-Roselle (87)
† 8 juil 1838 - Pierre-Buffière

x 18 fév 1798 (s)
81-SARRE
Catherine
* 12 jan 1775 - Saint-Genest-sur-Roselle (87)
† 22 fév 1840 - Pierre-Buffière

84-FAUCHER
Martial
* ~ 1781

85-PEYRAT
Madeleine
* 1771
† 3 oct 1846 - Vicq sur Breuilh (87)

Ascendance de GROSBRAS Jeanne Eugénie

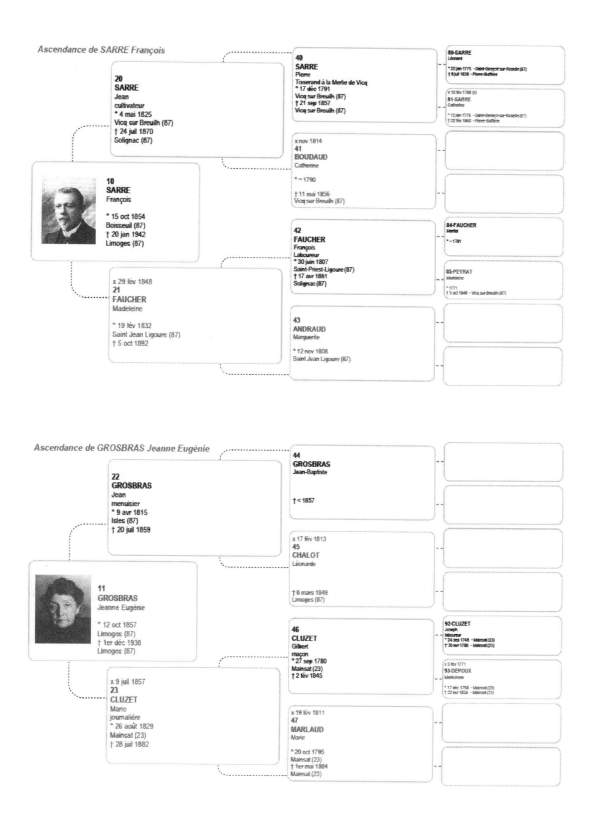

22
GROSBRAS
Jean
menuisier
* 9 avr 1815
Isles (87)
† 20 juil 1859

11
GROSBRAS
Jeanne Eugénie
* 12 oct 1857
Limoges (87)
† 1er déc 1938
Limoges (87)

x 9 juil 1857
23
CLUZET
Marie
journalière
* 26 août 1829
Mainsat (23)
† 28 juil 1882

44
GROSBRAS
Jean-Baptiste
† < 1857

x 17 fév 1813
45
CHALOT
Léonarde
† 6 mars 1849
Limoges (87)

46
CLUZET
Gilbert
maçon
* 27 sep 1780
Mainsat (23)
† 2 fév 1845

x 19 fév 1811
47
MARLAUD
Marie
* 20 oct 1795
Mainsat (23)
† 1er mai 1864
Mainsat (23)

92-CLUZET
Joseph
laboureur
* 24 sep 1746 - Mainsat (23)
† 30 avr 1790 - Mainsat (23)

x 5 fév 1771
93-DEPOUX
Marie Anne
* 17 déc 1758 - Mainsat (23)
† 22 avr 1824 - Mainsat (23)

Ascendance de MALAMAS Pierre

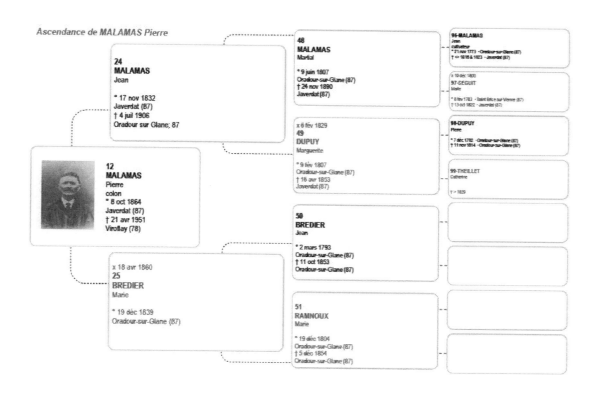

24
MALAMAS
Jean

° 17 nov 1832
Javerdat (87)
† 4 juil 1906
Oradour sur Glane; 87

12
MALAMAS
Pierre
colon
° 8 oct 1864
Javerdat (87)
† 21 avr 1951
Viroflay (78)

x 18 avr 1860
25
BREDIER
Marie

° 19 déc 1839
Oradour-sur-Glane (87)

48
MALAMAS
Martial

° 9 juin 1807
Oradour-sur-Glane (87)
† 24 nov 1890
Javerdat (87)

x 6 fév 1829
49
DUPUY
Marguerite

° 9 fév 1807
Oradour-sur-Glane (87)
† 16 avr 1853
Javerdat (87)

50
BREDIER
Jean

° 2 mars 1793
Oradour-sur-Glane (87)
† 11 oct 1853
Oradour-sur-Glane (87)

51
RAMNOUX
Marie

° 19 déc 1804
Oradour-sur-Glane (87)
† 5 déc 1854
Oradour-sur-Glane (87)

96-MALAMAS
Jean
cultivateur
° 21 nov 1773 - Oradour-sur-Glane (87)
† <> 1818 & 1823 - Javerdat (87)

x 19 déc 1800
97-SEGUIT
Marie

° 8 fév 1783 - Saint Brice sur Vienne (87)
† 13 oct 1802 - Javerdat (87)

98-DUPUY
Pierre

° 7 déc 1782 - Oradour-sur-Glane (87)
† 11 nov 1814 - Oradour-sur-Glane (87)

99-THEILLET
Catherine

† > 1829

Ascendance de VILLEMONTEIL Léonarde

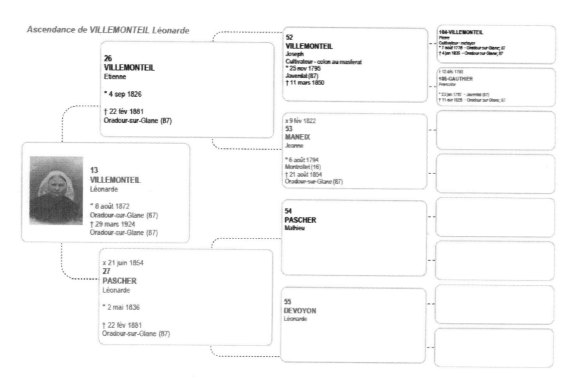

26
VILLEMONTEIL
Etienne

° 4 sep 1826

† 22 fév 1881
Oradour-sur-Glane (87)

13
VILLEMONTEIL
Léonarde

° 8 août 1872
Oradour-sur-Glane (87)
† 29 mars 1924
Oradour-sur-Glane (87)

x 21 juin 1854
27
PASCHER
Léonarde

° 2 mai 1836

† 22 fév 1881
Oradour-sur-Glane (87)

52
VILLEMONTEIL
Joseph
Cultivateur - colon au masferat
° 25 nov 1795
Javerdat (87)
† 11 mars 1850

x 9 fév 1822
53
MANEIX
Jeanne

° 6 août 1794
Montrollet (16)
† 21 août 1854
Oradour-sur-Glane (87)

54
PASCHER
Mathieu

55
DEVOYON
Léonarde

104-VILLEMONTEIL
Pierre
Cultivateur - métayer
° 7 août 1778 - Oradour-sur-Glane; 87
† 4 jan 1835 - Oradour-sur-Glane; 87

† 12 déc 1793
105-GAUTHIER
Pernotte

° 23 jan 1763 - Javerdat (87)
† 11 avr 1825 - Oradour-sur-Glane; 87

Ascendance de MILORD Léonard Jean

28
MILORD
Léonard
Charpentier, menuisier, propriétaire, adjoint à Oradour-...
° 13 oct 1850
Oradour-sur-Glane (87)
† 8 mai 1926

14
MILORD
Léonard Jean
Menuisier à La Croix Blanche
° 28 sep 1872
Oradour-sur-Glane (87)
† 16 sep 1943

x 4 nov 1871
29
COMPAIN
Marie

° 26 nov 1852

† 8 déc 1912
Landouge 87

56
MILORD
Jean
domestique journalier
° 9 mai 1815
Cieux (87)
† 9 mai 1863
Oradour-sur-Glane (87)

x 29 mars 1837
57
CHANTEGROS
Marguerite

° 2 nov 1808
Cieux (87)

58
COMPAIN
Pierre

° ~ 1830

59
DELAUZE

° ~ 1830

112-MILORD
Jean
° 29 avr 1790
† 23 mars 1834 - Cieux (87)

113-FONTANILLAS
Anne
° 21 déc 1804
° 18 avr 1791
† 17 mai 1834 - Cieux (87)

114-CHANTEGROS
Martial
° 3 jan 1791 - Cieux (87)
† 31 mars 1837 - Cieux (87)

115-GRAVELAT
Marguerite
° 3 déc 1811
° 22 juil 1793 - Blond (87)
† 19 avr 1845 - Vaynac (87)

Ascendance de DESOURTEAUX Anne

30
DESOURTEAUX
Pierre

° 17 nov 1853
Oradour-sur-Glane (87)

15
DESOURTEAUX
Anne

° 18 juil 1877
Oradour-sur-Glane (87)
† 19 nov 1924

31
LEVEQUE
Anne

† 10 avr 1885

60
DESOURTEAUX
Joseph

° 28 août 1824
Oradour-sur-Glane (87)
† 28 fév 1878

61
BRUNAUD
Anne

° 6 déc 1826
Oradour-sur-Glane (87)
† 12 fév 1872

120-DESOURTEAUX
Léonard
° 12 oct 1795

121-BOUCHOULE
Anne
° 5 oct 1815
° 6 oct 1797
† 19 nov 1847

122-BRUNAUD
Léonard
† 10 mai 1834

123-RESTOUEIX
Catherine
° 21 nov 1808 - St Victurnien (87)

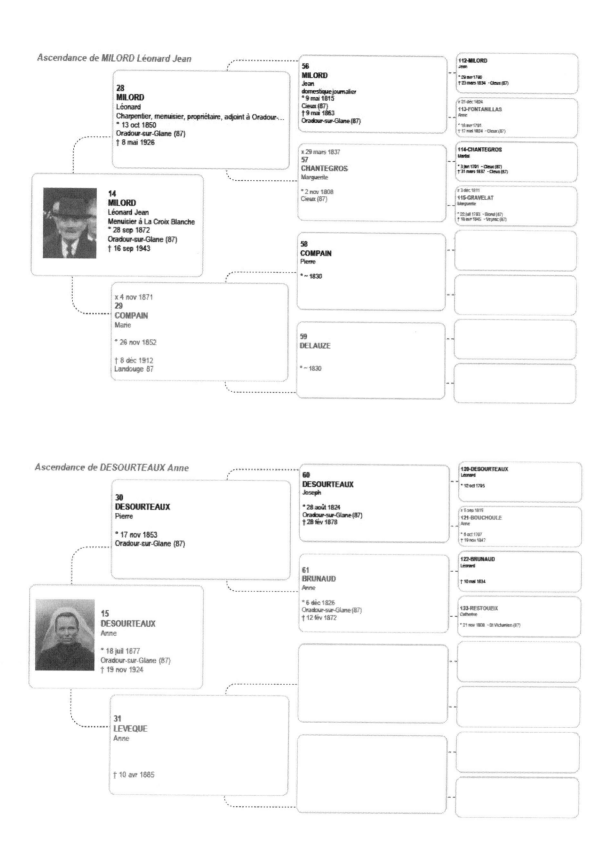

ANNEXES

Le 13 de la rue François Perrin

L'acte notarié le plus ancien fait état d'une vente le 5 messidor an 13 (juillet 1805), pour 450 francs par Michel Debord, boulanger.

Le bien a été acheté conjointement par Étienne NOËL époux de Marie Coudert, et Gaston NOËL époux de Madeleine Sarre en octobre 1922 pour le prix de 55.000 francs (soit l'équivalent de 65000 euros 2022 !)

Il sera cédé d'Étienne à Gaston en novembre 1927 pour 16000 francs + rente viagère annuelle à Étienne de 1000 francs + droit d'habitation jusqu'en 1931 (Étienne décédera en 1942)

Au décès de Timo, pour régler sa succession, il est vendu puis démoli en 1975 pour faire place à un nouvel immeuble en 1978 (origine cadastre).

L'immeuble était constitué d'un rez-de-chaussée, de deux étages, d'un grenier et d'une cave.

Le rez-de-chaussée a été habité par la famille de Michel NOËL. Le 1er étage était habité par Timo. Le 2e étage était loué.

Seule une petite partie du grenier était utilisable. Il a accueilli, dans un petit cagibi, le laboratoire photo de Gaston NOËL, et dans une autre pièce, l'exposition de maquettes dont Dominique était amateur.

La cave était taillée dans le tuf. Elle était constituée de deux parties. Une entrée dont la fonction principale (pour moi), était de permettre le stockage du « barricou » de cidre ramené de Dieulidou. La gourmandise étant un précieux moteur, j'y faisais de fréquentes visites pour me gaver de longues goulées de ce nectar, à genoux devant la barrique, la bouche suçant le robinet. Le mois de septembre était, allez donc savoir pourquoi, le mois des dérangements intestinaux. Une trappe permettait de descendre d'un niveau constitué d'une « grotte » taillée à même la roche. Une ouverture donnait sur la rue pour permettre autrefois le déchargement des boulets de charbon, mais surtout très pratique pour regarder sous les jupes des filles aux heures de sorties du collège voisin !

À l'arrière de l'immeuble, un grand jardin descendait jusqu'à l'ENP (actuel lycée Turgot). Une partie de ce terrain (165 m²) a d'ailleurs été expropriée en 1926 (pour 14000 francs) pour agrandir le lycée.

Entretenu à minima, il était suffisamment vaste pour permettre de nombreuses aventures sans craindre des reproches quant aux éventuelles destructions de plantations. Grimpettes dans le magnifique cèdre du Liban qui trônait au milieu, chasses aux hannetons qui peuplaient le tilleul, cueillettes de noisettes tout au fond du jardin, dérapages en vélo dans les allées de terre battue, tirs de fusées et autres engins explosifs bricolés avec de vielles pompes à vélo bourrées d'un mélange de chlorate de soude et de sucre !

A. GRIMAUD
Notaire
LIMOGES

13463

c

PARDEVANT Me Paul Edouard Joseph
BALDYEAU, notaire à Limoges, soussigné

ONT COMPARU

1° Mme Anne Marie Yvonne LACROIX, sans
profession, veuve de M. Eloi Henri BARDY, demeurant à Limoges, avenue Saint-Surin, n° 46.

Et 2° M. Marie Robert DECHELOTTE, clerc de notaire demeurant à Limoges, avenue du Midi n° 11bis.

Agissant au nom et comme mandataire de
M. Robert Edouard Aimé FILLOT, sans profession, et de Mme Anne Marie Bardy, son épouse, demeurant ensemble à Luynes (Indre et
Loire) aux termes de la procuration qu'ils
lui ont donnée, Mme Fillot avec l'autorisa-
tion de son mari, suivant acte reçu par Me
Vernet, notaire à Luynes, les vingt neuf et
trente septembre dernier (1922) et dont le
brevet original, enregistré et légalisé,
est demeuré ci-joint après mention d'annexe
signée du notaire.

Lesquels, M. Déchelotte, ès dits noms ont
par les présentes, vendu avec toutes garanties
ordinaires et de droit

A M. Etienne Claude NOEL, instituteur, demeurant à Meilhac (Hte-Vienne) époux de Mme Ma-
ria Coudert.

Et A M. Jean Gaston NOEL, professeur de musique, fils du précédent, demeurant à Limoges,
boulevard Victor-Hugo, n° 27, époux de Mme Marie
Louise Madeleine SARRE.

Acquéreurs conjoints et solidaires, ci présents et qui acceptent.

DESIGNATION

Une maison d'habitation située à Limoges,
ancienne route d'Aixe, n° 13, élevée sur caves
d'un rez-de-chaussée, de deux étages et d'un grenier.

Jardin derrière.

Le tout d'un seul tenant joignant pardevant
l'ancienne route d'Aixe, à droite M. Mallet, palis-
sade entre, à gauche M. Peynet, mur mitoyen entre

premier rôle

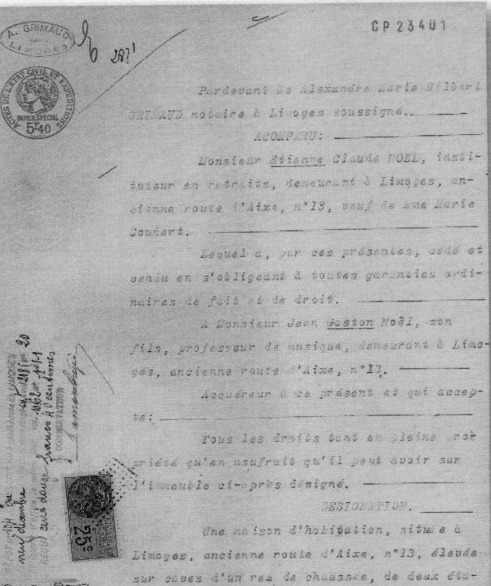

GP 23401

Pardevant Me Alexandre Marie Gilbert GRIMAUD notaire à Limoges soussigné.

A COMPARU:

Monsieur Étienne Claude NOEL, instituteur en retraite, demeurant à Limoges, ancienne route d'Aixe, n°13, veuf de Mme Marie Coudart.

Lequel a, par ces présentes, cédé et vendu en s'obligeant à toutes garanties ordinaires de fait et de droit.

À Monsieur Jean Gaston Noël, son fils, professeur de musique, demeurant à Limoges, ancienne route d'Aixe, n°13.

Acquéreur à ce présent et qui accepte:

Tous les droits tant en pleine propriété qu'en usufruit qu'il peut avoir sur l'immeuble ci-après désigné.

DESIGNATION.

Une maison d'habitation, située à Limoges, ancienne route d'Aixe, n°13, élevée sur caves d'un rez de chaussée, de deux étages et d'un grenier.

Jardin derrière.

Le tout d'un seul tenant joignant

Vue aérienne 1950

Le couloir d'entrée du rez-de-chaussée. À droite, le salon, la chambre parentale et la salle de bain. Au fond, l'accès à la salle à manger, puis la cuisine et une autre chambre

Le couloir d'accès en entrant par la rue François Perrin. Au fond, le local commercial de Michel NOËL, à gauche l'accès au jardin.

Le salon

La chambre parentale

En famille dans la salle à manger.

Le bûcher du jardin

En famille (les cousins de Dunkerque) dans le jardin.

Le jardin, photo Gaston NOËL

Le jardin (photo Gaston NOËL)

Le jardin, vu du 1er étage, on aperçoit l'ENP en construction

Le jardin, photos Thierry NOËL

Le jardin, photos Thierry NOËL

La place des Carmes vue du 13 de la rue F. Perrin (photo Gaston NOËL)

Cet immeuble n'existe plus à l'heure actuelle. Il a été vendu suite au règlement de la succession de Timo. Détruit, il a été reconstruit en 1977.

Situation en 2021 : le nouvel immeuble en retrait

La maison de Dieulidou

Années 60 ? Le garage (à gauche) et la cuisine (à droite) n'avaient pas encore de toit.

En 2022

Dieulidou, c'était les vacances, la famille, la campagne, mais aussi le lieu de rencontre de Papa et Maman. En effet, il me semble me souvenir que Timo avait l'habitude de venir se reposer à l'hôtel-restaurant Desroches qui, à l'époque, avait très bonne réputation.

Les vacances, c'était la pêche ; les gardèches, les goujons, les poissons-soleil. Une petite canne, un hameçon n° 20 au bout du fil, une peau d'asticot en guise d'appât, et la manne était garantie. De retour à la maison, rappelés à coup de corne acoustique, il fallait vider tout ça, c'était nettement moins marrant, mais la récompense était au bout ; une bonne friture croustillante !
Nous y allions très souvent le dimanche, et le dimanche soir c'était le film à la télé ! « Bagarre » rituelle entre papa et maman : on reste ou pas ? Pendant la belle saison, c'était papa qui avait gain de cause… et j'étais ravi. Allongé sur le tapis, sous la table de la salle à manger, je dégustais « La strada » et autres « Septième sceau ».
Dieulidou c'était aussi le charretou ; il a plus trimballé les enfants de plusieurs générations en joyeuses cavalcades autour de la maison que les récoltes de pommes.

Grégory, Carle et Anne

Thierry et Robin

Les pommes ? C'était le cidre pressé au moulin de la Vergogne, le ruisseau qui passait au fond du jardin. Les sacs de jute, remplis de pommes de toutes catégories, étaient succinctement passés dans l'eau du ruisseau, puis les pommes étaient concassées et pressées entre de grosses toiles. L'eau de la rivière entraînait la roue du moulin, de longues courroies transmettaient le mouvement au pressoir et le miracle avait lieu ; un beau liquide ambré coulait à flots dans les fûts. Nectar sucré, consommé tel quel pendant quelques semaines puis mis en bouteilles dans la cave de la maison pour en faire du cidre bouché. Le plaisir pouvait ainsi se prolonger des mois, bonifié par le pétillant des bulles.

Au fond du jardin, coulait donc la Vergogne. Dans sa berge, un emplacement y avait été creusé pour accueillir le « bachou » de Mémé. Point de machine à laver à cette époque ; de la poigne et de bons coups de « peiteu » étaient nécessaires.

Le moulin sur la Vergogne

Les pommes c'était aussi, la gnôle ! Pépé avait un droit qui lui permettait de « brûler » son cidre. Elle accompagnait le café du repas et elle servait aussi, je dirais même surtout, car j'en raffolais au grand dam de maman, à la réalisation d'un ratafia de framboise provoquant une explosion de saveurs pleines de soleil.

Dieulidou c'était aussi, aux périodes de vacances scolaires, le lieu de retrouvailles des « petites Malamas » et des beaux-frères… Parties de pêche, rigolades, piqueniques, belote et rebelote…

Dans le hameau, pêcheurs et agriculteurs se donnaient rendez-vous au café. La terrasse sous les tilleuls regorgeait de trésors : les capsules de bière et autres sodas faisaient mon bonheur. Ce café était tenu par Claudine MALLET (épouse de Jean MALAMAS, cousin de pépé) et sa mère. Le rez-de-chaussée de la maison était composé d'une cuisine, de la salle de restaurant/bar (une vingtaine de couverts ?) qui sentait bon le Pastis et la Suze et d'une salle de bal. Eh oui, avec estrade et parquet s'il vous plait ! Le samedi, c'était la « guinche » avec accordéon et violon.

Dieulidou : Adieu chopine et tabac gris

« Fermé »... On a mis écriteau, à « Dieulidou », sur la porte du « café-tabac-restaurant ». Depuis quelques jours, en effet, l'établissement de Mme Malamas n'ouvre plus, au petit matin, sur la place ombragée du bourg de Dieulidou, au carrefour des « Herses », sur la route d'Oradour-sur-Glane. « Fermé » : le panneau dérisoire n'arrête pas les voyageurs qui passent indifférents. Les habitués, eux, chasseurs et pêcheurs du coin qui venaient faire provision de tabac gris et échanger quelques bonnes histoires, devront trouver chopine ailleurs, et ce ne sera pas facile, la décentralisation n'est pas à l'ordre du jour pour le petit commerce de campagne. Le café-tabac-restaurant de Dieulidou, c'était depuis bientôt un siècle, l'étape entre St-Junien et Oradour, le relais où l'on était sûr d'avoir les nouvelles de tout un petit monde qui vit encore, à l'écart des grands bourgs. Pourtant, lorsqu'un jour de 1890, M. Pierre Desourteau installa son comptoir, Dieulidou vivait à l'heure de la concurrence; il y avait aux « Herses », pas moins de trois auberges qui tenaient bonne table. Il faut dire aussi qu'il y avait deux forgerons, une importante entreprise forestière et une école, le village vivait la fin d'un siècle, et c'était « le bon temps », comme le dit Mme Mallet, la maman de Mme Malamas. A 90 ans, Mme Mallet trouve dans sa mémoire, les flonflons des fêtes au village; on y venait de partout, c'est-à-dire de Saint-Junien et d'Oradour. Pendant des décennies, plusieurs générations de « bistrotiers » et de clients ont ainsi fait un bout de route ensemble, chacun d'un côté du comptoir, mais si proches que

Mme Mallet les considèrent tous un peu comme de la famille. Mais comment ne pas se sentir chez soi au café-tabac de Dieulidou, entre chopine et petit paquet de « gris », les pieds sous la table que l'on hésitait pas à transporter dehors lorsque le soleil s'arrêtait, lui aussi, à Dieulidou. Mais aujourd'hui,

c'est fini, la petite place est déserte et la fontaine en tôle émaillée, accrochée à l'entre du restaurant, ne dit plus « lave-toi les mains et entre ». Le vieux tilleul, centenaire, s'ennuie lui aussi, tout seul dans cette grande tache d'ombre...

P. B.

NOTRE PHOTO. — Mme Mallet et sa fille, Mme Malamas, les deux dernières « bistrotières » de Dieulidou...

Anecdote, pour le fun :

— A Dieulidou, commune d'Oradour-sur-Glane, dans la nuit du 12 novembre, vers 21 h. 45, deux individus masqués et armés de poignards se sont fait remettre au bureau de tabac tenu par Mme veuve Mallet, 51 paquets de tabac et 58 paquets de cigarettes. On enquête.

Le Bonhomme limousin 11/1943

Dieulidou, ce fut aussi ma première cigarette fournie par ma cousine Martine Isselin, et fumée en cachette sur la route du Bas-Dieulidou. Le goût mentholé de cette Reyno a heureusement limité l'âcreté de la « chose » et j'étais devenu un homme !

Ah ! cette route du Bas-Dieulidou, théâtre de mes exploits ! Une journée tourna court suite à l'explosion d'un pétard dans ma main (un Bison Tigre, mes préférés). Retour en urgence chez le médecin de famille qui voulut bien, un dimanche, couper les cloques et soigner ma main. Jouissif ! Mon pouce droit en garde encore la trace.

Au décès de maman, papa a vendu ses parts à ses belles sœurs. En 2022, Mijo et ses petits neveux, derniers héritiers, , ont pris la décision raisonnable de vendre cette maison dont l'entretien devenait problématique Elle a été vendue début 2023.

Les nouveaux propriétaires ont pris les choses en main et la maison est bien partie pour une deuxième vie…

INDEX DES NOMS DE FAMILLE

TABLE DES MATIÈRES

ISBN : 9798869757630
Décembre 2023

www.weblim.fr

Printed in Great Britain
by Amazon

9c6a1bf8-ed7a-4550-9a0e-36c1c043baf2R01